William Shakespeare, August Wilhelm von Schlegel, Ludwig Tieck

Shakespeare dramatische Werke

Nach der Übersetzung von August Wilhelm Schlegel und Ludwig Tieck, sorgfältig revidiert und teilweise neu bearbeitet

William Shakespeare, August Wilhelm von Schlegel, Ludwig Tieck

Shakespeare dramatische Werke
Nach der Übersetzung von August Wilhelm Schlegel und Ludwig Tieck, sorgfältig revidiert und teilweise neu bearbeitet

ISBN/EAN: 9783742896247

Hergestellt in Europa, USA, Kanada, Australien, Japan

Cover: Foto ©Thomas Meinert / pixelio.de

Manufactured and distributed by brebook publishing software (www.brebook.com)

William Shakespeare, August Wilhelm von Schlegel, Ludwig Tieck

Shakespeare dramatische Werke

DIE HANDSCHRIFTEN
DER
GROSSHERZOGLICH BADISCHEN
HOF- UND LANDESBIBLIOTHEK
IN
KARLSRUHE.

BEILAGE I.

HERMANN VON DER HARDT
IN SEINEN BRIEFEN UND SEINEN BEZIEHUNGEN
ZUM
BRAUNSCHWEIGISCHEN HOFE,
ZU
SPENER, FRANCKE UND DEM PIETISMUS
VON
FERDINAND LAMEY.

KARLSRUHE.
VERLAG VON CH. TH. GROOS.
1891.

HERMANN VON DER HARDT

IN

SEINEN BRIEFEN UND SEINEN BEZIEHUNGEN

ZUM

BRAUNSCHWEIGISCHEN HOFE,

ZU

SPENER, FRANCKE UND DEM PIETISMUS

VON

FERDINAND LAMEY.

KARLSRUHE.
VERLAG VON CH. TH. GROOS.
1891.

Karlsruhe. Druck von Malsch & Vogel. — 6165

Inhalt.

Seite

I. Hermann von der Hardt's Briefwechsel in der Grossh. Hof- und Landesbibliothek zu Karlsruhe, insbesondere die Briefe an den Herzoglichen Hof zu Wolfenbüttel 1

II. Die Briefsammlung und von der Hardt's Lebensgeschichte, seine Beziehungen zum Pietismus und dem geistigen Leben seiner Zeit   8

III. Verzeichniss der Briefe 15

I.

Hermann von der Hardt's Briefwechsel

in der Grossh. Hof- und Landesbibliothek zu Karlsruhe,

insbesondere

die Briefe an den Herzogl. Hof zu Wolfenbüttel.

Der Briefwechsel H. von der Hardt's ist bei der Versteigerung der Bibliothek des Anton Julius von der Hardt mit anderen Teilen dieser Bibliothek im Jahre 1786 von F. V. Molter für die Markgräflich Badische Hofbibliothek angekauft worden.[1])

In der Handschriftensammlung der Grossherzoglich Badischen Hof- und Landesbibliothek umfasst dieser Briefwechsel jetzt die Stücke: Karlsruhe 319, 320, 321, 22; Karlsruhe 325, 326, 327, 328, 329, 330, 331, 332, 333; Karlsruhe 394, 395, 396, 397.

A. Karlsruhe 319—322, *A*, vier Foliobänden ähnliche Hülsen aus starkem Pappdeckel, deren Einlagen fascikulirt sind. Die drei ersten Hülsen tragen rothe Rückenschilde: Epistolae autographae A—G, Epistolae autographae H—O, Epistolae autographae P—Z. Diese Sammlung enthält die an von der Hardt gerichteten Originalbriefe in nicht ganz streng durchgeführter alphabetischer Reihenfolge. Die jetzige Anordnung der Schriftstücke rührt wahrscheinlich von F. V. Molter her.

In der vierten Hülse (Karlsruhe 322) finden sich neben anderen nicht hierher gehörigen Stücken noch ein Fascikel Originalbriefe an von der Hardt, *A I*, eine Anzahl Briefconcepte von von der Hardt, *A II*, ein kleiner aus Briefen und Bruchstücken bestehender Anhang, *A III*, und ein Briefwechsel mit Frobeso, *A V*. Der Inhalt dieser Hülse ist von mir neu gesichtet und geordnet.

---

[1]) Brambach, Leibniz, Verfasser der Histoire de Bileam p. 14.

B. Karlsruhe 325—333 (Karlsruhe 325—332 von der Hardt's Sammlung seiner Briefconcepte, *B*, Karlsruhe 333, B 1.) neun Pergamentbände in Folio mit folgenden Rückenaufschriften:

EPISTOLÆ	EPISTOLÆ	EPISTO
Ann. 1686	1687 à Mens.	LÆ
à Mens. Octob.	Octob. ad	An.
usque	an. 88 Mens.	88
1687 Mens.	Novemb.	IXb: Xber:
Septemb.		1688
Tom. I.	Tom. II.	Tom. III.

EPISTOLÆ	. . . . . .	. . . . . .			Genti-
Anni	1689	1689	1690	1690	litia,
1689	April-Jul:	. . . .			Hardt.
Januar Febr.	inclus.	. . . .			
Mars. April.					
Tom. IV.	Tom. V.				

In Uebereinstimmung mit diesen Rückentiteln tragen die einzelnen Bände folgende von von der Hardt herrührende Vorschriften:

1. Karlsruhe 325. EPISTOLÆ ab ANNO M. DC. LXXXVI. et quidem Mense Octobr. usque ad ANNVM M. DC. LXXXVII. et quidem Mensem Octobr. excl. datae et acceptae.

2. Karlsruhe 326. EPISTOLÆ à Mense Octobri ANNI MDCLXXXVII. usque ad diem 15. Novembris ANNI MDCLXXXVIII.

3. Karlsruhe 327. EPISTOLÆ à d. 15. Mensis Novembris ANNI MDCLXXXVIII usque ad finem hujus anni.

4 Karlsruhe 328. EPISTOLÆ à Mense Januario ANNI MDC.LXXXIX usque ad diem 10. mensis Aprilis. ejusdem anni.

5. Karlsruhe 329. EPISTOLÆ à die XI mensis Aprilis ANNI M.DCLXXXIX. usque ad mensem Augustum ejusdem anni.

6. Karlsruhe 330. EPISTOLÆ à mense Augusto ANNI M. DC. LXXXIX. usque ad anni hujus finem.

7. Karlsruhe 331. EPISTOLÆ ANNI M.DC.LXXXX. Mensis Januarii.

8. Karlsruhe 332. Hat weder Titel noch Vorsatzblatt. Der letzte datirte Brief ist vom 17. Mai 1690.

9 Karlsruhe 333. B 1., ist gleichfalls ohne Gesammttitelblatt geblieben. Es ist eine Zusammenstellung von Briefen, Documenten,

Excerpten u. dgl. zur Lebensgeschichte Hermann's von der Hardt und zur Hardt'schen Familiengeschichte überhaupt. Sämtliche Bände enthalten auch lose Einlagen, in grösserer Zahl jedoch nur Karlsruhe 333. Wie aus den mitgetheilten Haupttiteln und aus den gleichfalls von von der Hardt's Hand geschriebenen, den meisten Bänden vorausgehenden Inhaltsübersichten angenommen werden muss, hat von der Hardt selbst diese Sammlung zusammengestellt. Er ist es wohl auch selbst gewesen, der an mehreren Stellen grössere und kleinere Theile durch Ausschneiden wieder entfernt hat, da die Register dem derzeitigen Stand des Inhaltes entsprechen. Das Herausgenommene hat von der Hardt wohl aus irgend welchen Gründen zu vernichten gewünscht.

Da nach dem Katalog, der bei Versteigerung der Hardt'schen Bibliothek gedruckt worden ist,[1] das Commercium epistolicum Hardts zehn Bände umfassen sollte, der Gentilitia überschriebene Band aber, obwohl er grösstentheils Briefe enthält, doch nur vermuthungsweise mitgezählt werden darf, so scheinen ein oder zwei ursprünglich zu dieser Sammlung gehörige Bände andere Wege gegangen zu sein.

C. Karlsruhe 394—397. Vier Lederbände in 4° mit den Rückenaufschriften:

Nolte	Burck.	Ad	Hardt
1709.	Treuer	Aulam	et
	1731.	1730.	Burkhard
			1730.

Diese Bände enthalten auch einige nicht zum Briefwechsel gehörige Drucke und Manuscripte.

Den Hauptbestandtheil des ersten Bandes Karlsruhe 394, *C I*, bildet der Briefwechsel von der Hardt's mit Zacharias Noltenius. Karlsruhe 395, *C II*, umfasst Briefe von und an Burckhard, v. Hardenberg, Lakemacher, v. Münchhausen, v. Stain, Treuer und meist zum Briefwechsel gehörige Beilagen. Karlsruhe 396, *C III*, ist ein bibliographisches und litterarisches Curiosum, zu dessen Verständniss eine ausführlichere

---

[1] Catalogus bibliothecae D. Antonii Julii von der Hardt... Praefatus est Paulus Jacobus Bruns. Helmstadii (1786) p. 38 Nr. 217. Uebrigens sind die daselbst angegebenen Jahreszahlen 1676, 77, 79, 80, 86, 90 mit unserer Sammlung nicht in Einklang zu bringen.

Beschreibung nöthig ist. Dieser Band vereinigt nebst dazu gehörigen Beilagen von der Hardt's Briefe an den Herzog August Wilhelm von Braunschweig, an v. Dehn, Rhetz, Völker und Wedderkop. Es handelt sich darin um die Freigabe gewisser von der Hardt'scher Schriften durch die Censur. Bereits im Jahre 1723 nämlich hatte von der Hardt durch die für jene Zeit unerträglichen Freiheiten, die er sich biblischen Büchern gegenüber erlaubte, besonders durch die dem damaligen Standpunkte der Theologie weit vorauseilende Kühnheit seiner ebenso oft geistreichen als willkürlichen und unmethodischen Kritik sich solch' erbitterte Gegnerschaft zugezogen, dass seine Regierung sich in der Folge veranlasst sah, nebst einer kleineren Schrift auch den Jonas in luce und den Tomus primus in Jobum zu unterdrücken. Von der Hardt selbst wurde um 100 Thaler gebüsst und seine Schriftstellerei über die Bibel einer Censur unterworfen.[1] In Folge dieser Vorgänge hatte von der Hardt drei Werke zur Censur nach Wolfenbüttel gesandt. Er schreibt:[2] »Es sind 3 piecen von mir zu Wolfenbüttel: eine über den Jonam, die andere über den Daniel, die dritte über den Hiob. Die erste ist gedruckt, von Wolfenb: confiscirt, und von hir in dortiges archiv zum Moder gebracht. Die andere ist eine blosse griechische version des Daniels, welche zur Censur nach Wolfenb: gesand habe, aber dort zur ewigen Finsterniss verdammt, die dritte ist eine blosse lateinische paraphrasis über das Buch Hiob, welche ebenfalls ad censuram nach Wolfenb: geschicket, aber dort in den Aschhaufen Hiobs geworffen. Die erste piece Jonae, ist hier gedruckt, die beyde andere, Daniels und Hiob, sind geschrieben«.

Diese drei Werke, namentlich die griechische Version des Daniel, an der ihm besonders viel gelegen war, zurück zu erhalten, und womöglich zu erlangen, dass dieselben von der Censur wieder freigegeben würden, hat von der Hardt die in diesem Bande enthaltenen Schriftstücke und Bilder an den Herzog und dessen Räthe gesandt. Die Form, die der alternde Gelehrte für seine Bittgesuche gewählt hat, gehört in das Gebiet jener mystisch-phantastischen Bizarrerien, wie sie Uffenbach[3] und Göttes gelehrtes Europa[4] aus von der Hardt's Leben zu berichten

---

[1] A. G. Hoffmann's Artikel, Ersch u. Gruber, II. Sect. II. p. 393.
[2] Br. an d. Herzog. 22. März 1730.
[3] Merkwürdige Reisen I. p. 191 ff.
[4] T. III. p. 506, 507.

wissen. Dahin gehören bereits die beiden Titel, die von der Hardt dem Bande vorgesetzt hat:

fol. 1 Secunda ¹) Comoedia Guelpherbytana, A. 1730, pro libertate Jonae, Danielis, et Jobi; in memoriam Jubilaei pro libertate Augustanae Confessionis, a. 1530. XXX imaginibus.

fol. 2. EVangelischen Jubelfestes Opera, gespielet zu Wolfenbüttel für S. Durchl. Hertzog AUGUST WILHELM, von freiheit Jonae, Daniels Hiobs, a. 1730 vom Januario ²) biss auffs jubileum, den 25. Junii, zum Andencken der Freiheit augsburgischer Confession a. 1530 in XXX gemälten.

›Comödia‹ und ›Opera‹ nennt von der Hardt die Sammlung wohl im Hinblick auf das wunderliche Costüm, in welches er sie zu hüllen beliebt hat, jedenfalls auch nicht ganz ohne Ironie und vielleicht mit einem kleinen Seitenhieb auf des Herzogs Vorliebe für die Oper. Durch den ganzen Band ist die Fiktion festgehalten, als ob die drei Bücher drei Personen, nämlich Jonas, Daniel und Hiob selbst, wären, welche beim Herzog um Befreiung aus der Gefangenschaft nachsuchen. Daher sind auch die Briefe fast durchgängig nicht mit dem Namen des Schreibers, sondern Jonas, Daniel. Hiob oder auch Jonae, Daniels und Hiobs greise Mutter u. ä. unterzeichnet. Um das phantastische Spiel zu vervollständigen, ist eine Anzahl symbolischer bildlicher Darstellungen beigefügt, nicht weniger absurd als der Text und teilweise von beinahe kindlicher Ausführung. Die Mummerei nimmt in Kürze folgenden Verlauf: Jonas, Daniel und Hiob haben sich von ihrem Secretär in Helmstedt, dessen Name in bescheidenes Dunkel gehüllt bleibt, je vier, also im Ganzen zwölf, Sinnbilder offenbar mit mehr Behagen als Kunst anfertigen lassen. Diesen Sinnbildern dienen zwölf Prorectoratsreden ³) von der Hardt's zur Erläuterung, welche in Einzeldrucken beigefügt sind. In einem längeren Begleitschreiben wird dem Herzog nicht nur zugemuthet, die zwölf symbolischen Darstellungen zu enträthseln und zu

---

¹) In einer Fussnote erklärt von der Hardt: Prima comoedia Guelpherbytana est acta et scripta eunte anno superiore 1729, in servitutem Jonae, Jobi, et Danielis, qui Guelpherbyti detecti, nec ad publicam lucem permissi, in memoriam Comitiorum Spirensium a. 1529, quando Protestantibus dura infectata servitus et mors.

²) *and Martio* durchstrichen.

³) Man findet die Titel bei Rathlef, Gesch. Jetztleb. Gel. IV. p. 462.

diesem Zweck die entsprechenden zwölf Reden zu lesen, sondern Jonas, Daniel und Hiob beklagen sich auch bitterlich über die ihnen in Wolfenbüttel widerfahrene Behandlung und bitten um ihre Freilassung. Das geschah am 15. Januar 1730. Als aber beinahe ein Vierteljahr verflossen war und dem Herzog die zwölf Sinnbilder nebst den zwölf Prorectoratsreden immer noch nicht einleuchten wollen, verlegen sich die armen Gefangenen dringender auf's Bitten und laufen wahrhaft Sturm.

Am 8. März geben Jonas, Daniel und Hiob die Versicherung ab, dass sie durch die ausgestandenen Leiden in Fledermäuse verwandelt worden seien und fügen zur Bekräftigung dieser Behauptung ihre Bilder bei, drei in Wasserfarben ausgeführte Fledermäuse, die traurig genug aussehen. Am gleichen Tage geht in derselben Angelegenheit auch ein Schreiben von der Hardt's an von Rhetz ab. Bereits am 12. März wiederholen die drei Verwandelten ihre Bitte. Einst seien sie weisse Tauben gewesen, das wollten sie wiederum werden. Wie schön das wäre, kann man abermals auf drei getuschten Bildern bewundern. Inzwischen ist »Jonae, Daniels und Hiobs greise Mutter« so unvorsichtig gewesen, gleichfalls nach Wolfenbüttel zu kommen. Die Folgen des Schreckens beim Anblick ihrer verunstalteten Söhne bleiben nicht aus. Schon am 13. März kann sie durch Uebersendung ihres Porträts, einer zierlichen weiblichen Fledermaus, die Familiengallerie vervollständigen. Den 15. März übersenden die drei Unglücklichen das farbige Gemälde eines vierfüssigen Sperlings, am 17. das einer »Meer Ente« mit der flehentlichen Bitte, sie nicht in solche Thiere zu verwandeln. Sie sind überhaupt wählerisch, denn sie wollen ebensowenig in Pfauen, Auerhahnen, »papagoien«, Kraniche oder wilde Gänse umgestaltet werden, sondern immer nur in hübsche weisse Tauben. Unter den Feinden der drei Fledermäuse ist der grimmigste »die Katze mit schellen«, welche keine geringeren Ansprüche erhebt, als die armen drei Mäuse aufzufressen. Ihr abschreckendes Bild, so schlecht gemalt, als sie es verdient, wird am 18. März dem Herzog gleichfalls zugeschickt mit einem Schreiben, worin »die alte frölige Mutter« der Katze jedes Recht bestreitet, ihre Söhne zu verspeisen. Die Mutter kann wohl fröhlich sein, denn sie hat ihre Fledermausgestalt wieder abgelegt und bereitet sich eilends zur Abreise. Gleichfalls am 18. März schreibt sie bereits dem Herzog einen Abschiedsbrief und hofft, dass wenigstens Daniel, den man auf dem Bild mit biederem Händedruck von den Löwen in der Grube scheiden sieht, sie bis Helmstedt begleiten dürfe. Vergebens! Ebenso vergebens wie ein Brief von der Hardt's an von Rhetz am 19. März, ein letzter Handstreich gegen den Herzog vom 22. März mit einer rührenden bildlichen Abschiedsscene der drei »Morgenländer«, und ein langes Schreiben von der Hardt's an von Wedderkop vom 22. März. Von nun an fügen sich von der Hardt und die drei der Censur Verfallenen mehr und mehr in ihr Schicksal. Erst Ende Mai finden Jonas, Daniel und Hiob wieder für nöthig, sich energisch dagegen zu verwahren, dass sie Nachtraben oder Spechte seien, und fassen endlich den Entschluss, das undankbare Abendland, das ihre Verdienste nicht zu würdigen weiss, für immer zu verlassen. Schliesslich erscheint »Sibylla« und verbrennt ihre Bücher. Auf die Rückseite dieses letzten Bildes hat von der Hardt missmuthig und doch überzeugungsfest geschrieben: »Et hodie integerrima exegesis ad cineres! Donec ex cineribus resurget cum Jobo«. Die prophezeite Auferstehung scheint wenigstens Daniel einige Jahre später wohl unter sehr einschränkenden Bedingungen gefeiert zu haben, wie aus den Briefen von Wachner an von der Hardt hervorgeht.

Es ist leicht zu erkennen, dass unter der baroken Hülle sich allerlei Symbolik versteckt. So ist die Mutter eine Personification der jüdischen Religion und mit der Katze und anderen Thieren sind von der Hardt's Gegner gemeint. Es wäre leicht, hier einige Namen zu nennen, aber schwierig, von der Hardt's Symbolik mit Sicherheit zu deuten. Möglich, dass die grössere Freiheit, die er auf diese Weise seinen Gegnern gegenüber gewann, indem er keine Namen nannte, mitbestimmend auf die Wahl der sonderbaren Form dieser Briefe gewirkt hat. Der Hauptgrund dafür ist aber jedenfalls in von der Hardt's Hang zur Symbolik, zum Absurden, in seinem Sonderlingswesen zu suchen.

Karlsruhe 397, *CIV*, führt zwar den Titel: Comoedia tertia Guelpherbytana de Jona, Daniele, et Jobo liberandis, acta coram curiae Ministris a. 1730 a mense Julio, ad Decembris finem, das begonnene Spiel wird auch fortgesetzt, unter den Briefstellern erscheint Danielis uxor, die Verwandlungen in Fledermäuse nehmen erstaunliche Dimensionen an, aber die meisten Briefe sind mit von der Hardt's Name unterzeichnet und die Angelegenheit der drei confiscirten Morgenländer wird nur noch gelegentlich behandelt. Der Band enthält neben anderen nicht hieher gehörigen Stücken Briefe, welche von der Hardt mit Burckhardt, v. Dehn, Schoetgen, Völker gewechselt hat.

II.

Die Briefsammlung
und von der Hardt's Lebensgeschichte,
seine Beziehungen
zum Pietismus und dem geistigen Leben seiner Zeit.

Wenn von der Hardt's zahlreiche und vielseitige Schriften dem Schicksal einer frühen Vergessenheit nicht entgehen konnten, so mag zum Theil der Grund davon oben in der Unerschöpflichkeit der Feder ihres Verfassers liegen. Mehr freilich hat dem Ansehen, besonders der theologischen Werke von der Hardt's, der Mangel strenger Methode geschadet, die abschreckende Verworrenheit ihrer Zusammensetzung aus den verschiedenartigsten Bestandtheilen und nicht am wenigsten die mystisch-symbolische Geheimnisskrämerei, die durch einen seltsamen Widerspruch in von der Hardt's Natur oft in wunderlicher Weise mit dem trockensten Rationalismus verquickt ist.

Solche Eigenschaften machen Bücher wie den Jonas in luce oder den Primus tomus in Jobum geradezu ungeniessbar. Aber wer auch nur einen Blick in von der Hardt's Werke wirft, wird sich dem Eindruck nicht verschliessen können, dass ihr Verfasser ein Mann von Geist und ein selbstständiger Denker war, der in oft eigensinniger aber unermüdlicher Arbeit auf selbstgebahnten Wegen ahnend und irrend der Wahrheit nachging und auch wo er dieselbe verfehlte, in weiten Kreisen durch stets rege Antheilnahme und durch vielseitige und rastlose Thätigkeit wissenschaftliches Denken und Forschen anregte und förderte.

Man ist, soweit man überhaupt sich von der Hardt's erinnert, mehr als billig geneigt, nur das Bild des alten schrullenhaften Gelehrten im Gedächtnisse festzuhalten, der an Reuchlins Todestage den Rudimentis hebraicis eine öffentliche Leichenfeier veranstaltet und seine Besucher mit Bildchen und Sinnsprüchen die Zeit verderben macht.

In dem Briefwechsel entfaltet sich die ganze Vielseitigkeit von der Hardt's. Da fehlen, wie wir aus dem Verkehr mit dem Hofe zu Wolfenbüttel sehen, zwar die bunten Flicken jener Kappe, die ihm besonders wohlgefiel, auch nicht, aber dieser vereinzelte Eindruck verschwindet in der Fülle des geistig bewegten Lebens, in dessen Mitte von der Hardt erscheint: ein gewissenhafter und liebevoller Sohn und Bruder, ein schon in jungen Jahren selbstständiger Geist, der fromme Schüler Spener's, der treugesinnte Freund A. H. Francke's und des Petersen'schen Ehepaares, der geschätzte Berather des Herzogs Rudolph August, der gelehrte Correspondent Leibnizens, der muthige Forscher, der gesuchte Lehrer, der Ruhm und die Zierde der Iulia Carolina.

Das Gründlichste und Umfassendste, was in neuerer Zeit über von der Hardt geschrieben worden ist, ist A. G. Hoffmann's Artikel in der Allgemeinen Encyklopädie von Ersch und Gruber.[1]) Auch hält sich das dort ausgesprochene Urteil über von der Hardt's Bedeutung ebenso frei von einseitiger Ueberschätzung des Gelehrten, als von unbilliger Geringschätzung. Zur Ergänzung der Lebensgeschichte von der Hardt's dienen aus der Briefsammlung zunächst einige Angaben aus dem Gentilitia überschriebenen Bande, B I.

Dort finden sich mehrfache eigenhändige Aufzeichnungen von der Hardt's, wonach derselbe am 15. November 1660 geboren ist, so dass der letzte Zweifel in dieser Beziehung schwinden muss.[2])

Ueber von der Hardt's Lehr- und Wanderjahre geben zwei Quartblätter (ebenfalls in B I.) Aufschluss, von denen das ausführlichere lautet:

Von Ostern A. 1671
  bis Mich. 72 } 1½ Jahr, Hervord, bey Manzio und Graff.
  bis Mich. 73   1 Jahr, Osnab. bey Roling.
             74 } 2 Jahr, Bielefeldt. Manz.
  bis Mich. 75
  bis Mich. 76   1 Jahr, Osnabr. domi.

---
[1]) 2 Sect. II. p. 388 ff.
[2]) Vgl. Ersch u. Gruber a. a. O. p. 389.

	1677	
	78	$2\frac{1}{2}$ Jahr, Coburg¹.
bis Ostern	79	
bis Mich.	80	$1\frac{1}{2}$ Jahr, Jenae ¹).
bis Ostern	81	$\frac{1}{2}$ Jahr, domi.
bis Ostern	82	1 Jahr, Hamb. Edzard.
	83	
	84	$4\frac{3}{4}$ (l. $4\frac{1}{2}$) Jahr, Jenae.
	85	
bis zu Ende	86	
bis Ostern	87	$1\frac{1}{4}$ (l. $\frac{1}{2}$) Jahr, Leipzig.
bis neu Jahr	88	$\frac{3}{4}$ Jahr, Dresden.
bis Ostern	»	$\frac{1}{4}$ Jahr, Lüneb.
bis Mich.	»	$\frac{1}{2}$ Jahr, Hamburg.
	89	$1\frac{1}{4}$ Jahr, Braunschweig.
bis neu Jahr	90	

Wenn diese Angaben auch nicht allzu genau sind, und einer Controlle durch den Briefwechsel bedürfen, ergeben sich doch zwei Thatsachen aus denselben: Bruns ²) behauptet mit Recht, dass von der Hardt auch das Gymnasium zu Bielefeld besucht habe und von der Hardt's Aufenthalt bei Spener umfasste keineswegs ein volles Jahr, wie Hoffmann gegen Götte anzunehmen geneigt ist, vielmehr bleibt Götte's Angabe ³) zu Recht bestehen. Am 18. März 1687 kam von der Hardt in Dresden an ⁴) und wohnte in Speners Hause. Zwischen dem 12. und 19. April geht von der Hardt wieder nach Leipzig und macht von hier aus eine Reise in die Heimat. Zwischen dem 25. Mai und 13. Juni kehrt von der Hardt nach Dresden zurück und bleibt daselbst bis Anfang December 1687. Er kann also im ganzen nicht viel mehr als ein halbes Jahr bei Spener sich aufgehalten haben. Auch auf von der Hardt übte Speners eigenartige Persönlichkeit einen mächtigen Einfluss. Nie gedenkt der Schüler seines Lehrers anders als mit der höchsten Verehrung, mit herzlicher Dankbarkeit, mit aufrichtiger Liebe. Unzählige Stellen seiner Briefe lassen keinen Zweifel darüber, dass von

---

¹) Immatr. 11. Apr. 79: exmatr. 13. Sept. 80.
²) Verdienste der Professoren zu Helmstädt p. 26.
³) Gel. Europa III. T. III. St. p. 489.
⁴) Brief an Martini 19. März 1687.

der Hardt durch ein tiefes religiöses Bedürfniss dem Pietismus zugeführt worden ist. Daneben aber sind es unverkennbar die Bestrebungen des Collegium philobiblicum gewesen, welche von der Hardt für die neue Richtung gewannen. Denn in ihm hielt der Philologe dem Theologen die Wage und der rastlose Drang nach wissenschaftlicher Erkenntniss ist der Grundzug seines Wesens. Nie wird er müde, die Wichtigkeit genauer Sprachkenntnisse für den Exegeten zu betonen und in erster Linie Klarheit des Wortverständnisses als Grundlage jeglicher Auslegung zu fordern. Darin vor allem war er mit Spener und den Leipziger Pietisten einverstanden. Durchaus fremd aber war von der Hardt jene in den Pietistenkreisen epidemisch auftretende Unsicherheit der Seele, die keine Entscheidung wagte ohne den Rath guter Freunde oder angesehener Autoritäten. Damals wie in seinem späteren Leben ging von der Hardt seine eigenen Wege, und wenn es mitunter auch ein Holzweg war, zog er denselben doch den Wegen anderer vor.

Durch die nahe Verbindung, in welche von der Hardt zu Spener und bald darauf zu A. H. Francke trat, sowie durch seine Beziehungen zum Pietismus überhaupt gewinnt der Briefwechsel für die Geschichte dieser folgenreichen geistigen Bewegung, namentlich für die Entwicklung derselben in Leipzig, Dresden und Hamburg in den Jahren 1686 bis 1690, besondere Bedeutung.

Nach seinem Weggang von Dresden lebte von der Hardt bis zum 27. Februar 1688 in Lüneburg mit A. H. Francke als ›Stubengeselle und Mitgenosse des stipendii Schabbeliani‹ zusammen.¹) Die Beziehungen der beiden jungen Männer wurden bald die innigsten. ›Praecipue‹, schreibt von der Hardt am 14. December 1687 an Grossgebauer, ›cum laudatissimus Dn. M. Franckius tanta suavitate, in sincero et infucato ardentique amore Dei, mecum conspiret, ut unam utriusque mentem, unam sententiam, unum spiritum, in spiritu Domini existere dixeris‹.

Am 28. Februar kamen die beiden Freunde in Hamburg an. Als dann vom Herbste desselben Jahres ab das Schicksal jeden seine besonderen Wege führte, trat an die Stelle des persönlichen Verkehrs ein reger Briefwechsel. Um dieselbe Zeit hatten Gewissensbedenken über einige Bedingungen, welche an den Genuss des Stipendium Schabbelianum geknüpft waren, Francke veranlasst, Schritte zu thun,

¹) Kramer, A. H. Francke I. p. 29.

um sich von diesen Verpflichtungen zu lösen und sich nach anderen Subsistenzmitteln umzusehen.¹) Diese Umstände führten bekanntlich zur ersten pädagogischen Thätigkeit Franckes, von welcher er selbst folgende Schilderung gibt: »... was mich selbst betrifft, habe ich bisanhero erwehlet, durch den Schweiss meines angesichts, wenn ichs also nennen mag, nachdem mir in der Gnade Gottes gar nichts saner wird, mein Brod zu essen, und habe es drauff angefangen, ein und andere Kinder zu mir zu nehmen, dieselben in der Griechischen Sprache zu unterweisen, und sie also mit solcher Gelegenheit zu Gott zu führen, weil es doch die lieben Kinder besser annehmen, als die erwachsenen, an des lieben Bruder Berckau ²) seinen habe ich den anfang gemachet, dabey mir Gott bisher sonderbaren Seegen gegeben, so dass ich mich selbst über die profectus eines Kindes von 5 bis 6 Jahren verwundern muss. Doch stehe ich bei allem solchen vornehmen in völliger Freyheit, und bin in keinem stücke gebunden, ich mache es alles nach eigenem gutbefinden und kann auch wenn Gott seinen willen anders zeiget etwas anders vornehmen, oder auch an einen andern ort reisen«. So schrieb Francke an von der Hardt 26 September 1688. Wenige Tage später traf von der Hardt wieder in Hamburg ein, um hier bis gegen Ende October zu verweilen. Unmittelbar darauf erhebt sich gegen Francke in Hamburg eine heftige Bewegung, an deren Spitze Edzardus und Horb stehen. Papistische und Socinianische Meinungen werden ihm vorgeworfen. Von dem engherzigen Eifer der Gegner sticht Franckes rubige würdige Haltung trefflich ab. Die erhitzten Gemüther waren vorläufig wieder beruhigt, als Francke zwischen dem 25. November und 3. December aus Hamburg abreiste. Aber im folgenden Jahre brachen in Hamburg die theologischen Streitigkeiten mit erneuerter Heftigkeit aus. Die Hauptrolle dabei spielen Zeller und Lang, Horb, Winckler und Hinckelmann.³) Ausführlich berichtet über diese Verwicklungen

---

¹) Brief vom 30. August 1688. »Ich bin noch in meiner resolution ganz beständig zu suchen, dass ich von der obligation des stipendii Schabbeliani los kommen möge. Indessen findet sich hier schon Gelegenheit ein und andere im Hebräischen und Griechischen zu informiren, davon ich diesen Winter zu subsistiren habe«. Vgl. Kramer, Francke I. 41.
²) Francke wohnte in Hamburg bei dem Maler Berckau auf dem Nicolaikirchhof.
³) Vgl. Ritschl, Gesch. d Pietismus II. 1. p. 176 ff.

von der Hardt in seinen von Hamburg aus an Francke gerichteten Briefen. Weitere Aufschlüsse gibt von der Hardt's Schreiben an Bümmelmann und Uffelmann, und der Briefwechsel mit Berckau, Gleyner, Grossgebauer, Hamel, Kortholt, Metzendorf, Reinbeck, Spener, Strahl, Winckler.

Inzwischen hatte Francke ein reiches Feld seiner Wirksamkeit in Leipzig gefunden. Von seiner Thätigkeit daselbst und von den sich daran knüpfenden Unruhen ist in Francke's und besonders auch in Gleiner's und F. Rebo's Briefen mehrfach ausführlich die Rede. Von Francke's achttägigem Colleg [1] »De Methodo informandi atque educandi aetatem puerilem atque pubescentem«, weiss Gleiner in seinem Brief vom 1. Februar 1690 zu berichten »insignia ... scopo huic momenta monuit, quae etiam ingens auditorum coetus attentis auribus, acutis calamis excepit«. Wiederholt geschieht auch des Collegium philobiblicum [2]) in Leipzig Erwähnung und ähnlicher Unternehmungen in Dresden, Jena, Wolfenbüttel und Wittenberg. In Leipzig selbst errichteten am 24. Juli 1687, also ein Jahr nach Gründung der bekannten von Anton und Francke in's Leben gerufenen Gesellschaft von Magistern, auch die Studenten ein zweites Collegium philobiblicum, dessen Statuten dem Briefe J. A. Wagner's an Spener (Nr. 102 des Verzeichnisses) beiliegen.

Aber nicht allein die religiösen und theologischen Strömungen der Zeit spiegeln sich in dem von der Hardt'schen Briefwechsel, fast kein Gebiet des geistigen Lebens bleibt unberührt. Einen breiten Raum nehmen exegetische Erörterungen ein. Daneben stehen aber auch historische, philosophische, philologische und mathematische Untersuchungen und selbst die Gebiete der Politik und Nationalökonomie werden wenigstens gestreift.

Ich muss mich hier auf diese kurzen Andeutungen beschränken und zur Ergänzung auf die Inhaltsangaben in dem folgenden Verzeichnisse und auf die Briefsammlung selbst verweisen, die einen lehrreichen Einblick in das geistige Leben in Deutschland am Ausgange des 17. Jahrhunderts gewährt.

---

[1] Vgl. Kramer, Francke I. p. 54.
[2] Die Statuten desselben B. I. fol. 108—114.

III.

Verzeichniss der Briefe.

Verzeichnet sind in dem folgenden Kataloge die Briefe nach der alphabetischen Reihenfolge der Correspondenten. Innerhalb dieser alphabetischen Anordnung folgen die einzelnen Briefe in zwei chronologisch geordneten Gruppen:

    a. Briefe an von der Hardt.
    b. Briefe von von der Hardt.

In einem dritten Abschnitt findet man kurze Angaben über die in dem betreffenden Briefwechsel behandelten Gegenstände.

Den Eigennamen sind nach Möglichkeit die Vornamen beigefügt. Weitere Zusätze, wie sie etwa aus Jöcher-Adelung, aus der Allgemeinen Deutschen Biographie u. s. w. zu gewinnen wären, habe ich für überflüssig gehalten. Dagegen habe ich da und dort kurze Angaben dem Briefwechsel selbst entnommen, um die Person des Briefschreibers nach Stand und Wohnort kenntlicher zu machen oder um damit einen Fingerzeig über den Inhalt des Briefwechsels zu geben.

Die Buchstaben A, B, C mit ihren Zusätzen bezeichnen die einzelnen Abtheilungen der Sammlung, entsprechend der im ersten Abschnitt gegebenen Beschreibung. Im Einzelnen ist:

    A (alphabet. Ordnung) = Karlsruhe 319, 320, 321.
    A I. II. III. V.   =   »   322, I. II. III. V.
    B (chronolog. Ordnung) =   »   325—332.
    B I.   =   »   333.
    C I. II. III. IV.   =   »   394, 395, 396, 397.

1. **Amarell, Joh. Sigmund.**
   a. 1689 Febr. 20. Apr. 14. *A.*
   b. 1689 März 12. *B.*
   Amarells Studien. Francke.
2. **Ameldung, Joh. Wilh.** Reipublicae Osnabrugensis Secretarius.
   a. 1687 Aug. 24. *A.*
   b. 1687 Mai $\frac{11}{21}$. 25. Sept. 1. — 1688 Jan. 2. 23. Mai 18 *B.*
   Lehren und Lernen an Hochschulen und Gymnasien, insbesondere am Gymnasium zu Osnabrück.
3. **Anckelmann, Eberhard.**
   b. 1688 Sept. 22. — 1690 Jan. 20. *B.*
   Pietismus. Verhältniss e. d. H. zu Herzog Rudolph August von Braunschweig.
4. **Anthony, Christian.**
   a. 1687 Aug. 27. *A.*
   Bitte um Uebernahme einer Bestellung.
5. **Anton, Paul.**
   a. 1687 Febr. 16. 21. März 26. Aug. $\frac{8}{18}$. *A.*
   b. 1687 Febr. 2. 6. 8. 21. März 15. 25. Apr. 5. Juli 28. — 1689 Aug. 7. *B.*
   Theologie. Collegium philobiblicum in Leipzig. Dem Briefe vom 16. Febr. 1687 liegt ein Brief von Anton an Spener in Abschrift bei nebst einem Blatt: „Reipublicae Christianopolitanae descriptio".
6. **Arvidson, Daniel.**
   a. 1687 Nov. 8. — 1688 Apr. 22. *A.*
   b. 1688 Jan. 29. *B.*
   Pietismus. Spener.
7. **Bajer, Joh. Wilh.**
   a. 1686 Oct. 13. 20. — 1687 Sept. 23. *A.* Oct. 10. *A I.* — 1688 Apr. 23 *A.*
   b. 1686 Oct. 9. 16. 24. Dec. 6. — 1687 Juni 24. Nov. 3. — 1688 Jan. 27. *B.*
   Theologie. Arndt.

8. **Baroppii fratres.**
   b. 1686 Nov. 14. *B.*
   Begleitschreiben mit c. d. H. „Dissertatio de διατριβαις τοῦ λόγου".
9. **Beck.**
   b. 1686 März 26. *A II.*
   Auskunft über das angebliche Bestehen einer Seuche in Jena.
10. **Becmann, Nicol.**
    a. 1689 Febr. 24. Mai 17. *A*
    b. 1689 Juli 27. *B.*
    vgl. 58.
    Litteraria.
11. **Beckstein, Joh. Phil.**
    a. 1687 Jul. 17. Nov. 9. — 1688 Febr. 18. — 1690 Jan. 18. *A.*
    Unbedeutende Mittheilungen persönlicher Art und über Leipziger Bekannte.
12. **Beeck, Joh. Mart.**
    a. 1686 März 20. 30. *A.*
    Unbedeutende Mittheilungen über persönliche Verhältnisse.
13. **Berckau, Heinrich.**
    a. 1688 Nov. 9. — 1689 Juli 31. Oct. 8. Dec. 27. — 1690 Jan. 8.
    A. Jan. 22. *A I.* Febr. 1. März 12. Apr. 16. *A.*
    Litteraria. Pietismus in Hamburg: Hinckelmann, Mayer, Lange.
14. **Berkentinius,** Ecclesiastes Lunaeburgensis.
    b. 1690 Jan. 15. *B.*
    Bitte um Nachweis von Lutherlitteratur.
15. **Birnbaum, Christian Gotthelf.**
    b. 1690 Jan. 23. *B.*
    Glückwunsch an den Genossen aus Spener's Hause, von der Hardt, beim Antritt der Helmstedter Professur.
16. **Blanck, Joh. Nicol.**
    a. 1686 Oct. 24. — 1687 Febr. 9. *A.*
    b. 1686 Nov. 13. — 1687 Febr. 26. *B.*
    Pietismus. Litteraria; c. d. H. Dissertation διατριβαις τοῦ λόγου. Der Brief c. d. H. vom 16. Febr. 1687 umfasst 15 Seiten fol. und enthält eine ausführliche Darlegung seiner Grundsätze für Studium und Lebensführung, aufgebaut auf den Lehren von Arndt und Spener.
17. **Blanckenberg,** Pastor Guelpherbytanus.
    b. 1688 Nov. 21. *B.*
    Pietistische Betrachtung „vom Geiste Christi".
18. **Bormichius, Joach. Joh.**
    a. 1689 Jan. 9. Febr. 5. *A.*

Bitte um Unterstützung eines Gesuches beim Herzog Rudolph August
von Braunschweig.

19. **Bolsac, Barthol.**
   a. 1689 Sept. 9. *A.*
   b. 1689 Jan. 26. *B.*
   Unbedeutende Mittheilungen.

20. **Braunschweig. Aug. Wilh. v.**
   b. 1730 Jan. 15. März 8. 12. 13. 15. 17. 18. 18. 21. — 1731
   Jan. 14. *C III.*
   s. Einleitung.

21. **Braunschweig. Rudolf August v.**
   b. 1688 Oct. 12. 15. Nov. 27. Dec. 4. 13. 15 (Beil. 1). — 1689
   Jan. 7. Febr. 4. 10. 12. 18. März 3. 4. 9. 12. 20. 23. 27. 30
   (Beil. 2). Apr. 6 (Beil. 3). 10. 13. 17. 20. 30. Mai 4. 18. 25.
   Juli o. D. (12 oder 13). 16 (Beil. 4). 19. Aug. 3 (Beil. 5). 5.
   21 (Beil. 6). 23. Sept. 3 (Beil. 7). 8. 10. 16 (Beil. 8). 23.
   Oct. 3. 5 (Beil. 9). 23 (Beil. 10). 29. Nov. 25. 29. o. D. (zwischen
   27. u. 31. Dec.). — 1690 Jan. 1 (Beil. 11). 16 (Beil. 12) 24
   (Beil. 13). 30. Febr. 3. März 4. 8 (Beil. 14). 20. Apr. 10.
   Mai 2. *B.*
   Vgl. 47. 80. 111. 157. 174.

   *Theologische und religiöse Gegenstände. Christophorus a Castro
   comm. in Jeremiam. Enarratio Loci Paulini Rom. IX, 5, sowie exege-
   tische Bemerkungen zu zahlreichen anderen Stellen des A. u. N.
   Testaments. Tauler. Occupation von Sachsen-Lauenburg Oct. 1689.
   Herzogliche Bibliothek. Litteraria. Luther. Der Brief vom
   3. Febr. 1690 ist eine Abhandlung von 9 Bl. fol. mit der Auf-
   schrift: Abrahams Praetension an das land Canaan.*

   Beilagen:
   1. Excerpta ex literis Casparis Neumanni Subsenioris et Diaconi ad D.
   Mar. Magd. Breslav. ad Sereniss. Princ. Rudolph. August. A.
   1688 d. $\frac{5}{15}$. Dec. (betr. Neumann's „Kern aller Gebete", das „Ge-
   sangbuch" und desselben lexikalische Arbeiten im Hebräischen.
   Von d. H. Brief ist ein Gutachten dazu).
   2. Christliche und gründliche Antwort auff eines Anonymi Beweisthum
   von Gespenstern und als Ein Gegenbeweiss I. Dass vom Autore
   augeführte gründe . . . nicht beweisen, dass möglich sey, 1. dass
   geister und gespenster seyn, 2. dass ein geist einen leib fortführen
   und 3. Sünde im Menschen erregen könne. II. Dass die Leug-
   nung der Gespenster keinen Weg zum Atheismo mache, sondern

   2.

... (106 S. fol. von v. d. Hardt's Hand. Voran geht der Druck „Kurtzer Beweisthum . . . dass Geister und Gespenster sein . . . 1689. Hannover". 4°).
3. Drei Strophen eines niederdeutschen Liedes.
4. Ausführlicher Beweisthum dass Böse Geister seyn, die **Teuffel** genennet werden. (Nicht von v. d. Hardt's Hand). Der darauf folgende Brief vom 16. Juli 1689 ist überschrieben: Judicium über den Beweisthumb dass böse geister seyn, die **Teuffel** genennet werden.
5. Augustus Lutherus theologus (bildet mit dem Brief vom 3. Aug. 1689 ein besonderes Convolut).
6. a. Bauren Praeservatio. Ob der bauren Söhne Zum studiren zu lassen, oder vielmehr zur arbeit zu halten. b. Cammer Conserv. Wen der bauren Söhne vom studiren ab- und zur arbeit angehalten werden, wächset das Interesse des gantzen landes, der Kammer, und der hohen herschafft.
7.\
8. } Lateinische Chronosticha.
9. Empfehlungsbrief von Margret Meyer an Capitän Kendler, dem Ueberbringer die Besichtigung von Friedrichsort zu ermöglichen.
10. Expensa a die 22. Julij (bis 25. Oct.).
11. Ars gaudendi (Theolog. Abhandlung 8 Bl. fol.).
12. Excerpta (aus Andr. Musculus u. Hieron. Weller).
13. Michael Neander in Erotematibus Linguae Graecae. p. 124. A. 1576 (Abschrift).
14. Von der Hardt's Glaubensbekenntniss bei Antritt seiner Professur in Helmstedt und die Versicherung, darnach lehren zu wollen, namentlich das Versprechen, etwaige abweichende Auslegungen der Heiligen Schrift für sich zu behalten oder nur einem kleinen gelehrten Kreise zu „communiciren".

22. **Bredehoff, Gerh. Heinr.** Pastor Scheverneusis (los März 1690 in Harburg).
   a 1688 Dec. 1. — 1689 Febr. 17. 28. Sept. 8. 22. Dec. 7 (an N. Möller, v. d. Hardt betr.). 7 (mit 2 unbedeutenden Beil.) — 1690 Jan. 4. 29 (Beil. Brief an Nicol Schröder, v. d. H. betr.). Febr. 8 (Beil. Vollmacht für v. d. H.). März 31. Mai 24. *A.*
   b. 1688 Dec. 14. — 1689 Febr. 22. Sept. 11. 28. — 1690 Jan. 9. Febr. 2. 15. 17. *B.*
   Theologie. Persönliche Angelegenheiten, bes. v. d. H. Berufung nach Helmstedt.

Brun s. 183.

23. **Bümmelmann und Uffelmann.** Judices Hamburgenses.
   b. 1689 Febr. 26. *B.*
   Eine Vertheidigung pietistischer Conventikel zu Hamburg gegen die vom Ministerium erhobenen Beschuldigungen. Das Schreiben ist

nicht unterzeichnet und auch nicht im Namen eines Einzelnen abgefasst; da aber v. d. H. im Register des betr. Bandes den Brief unter den von ihm geschriebenen aufführt und das Concept von seiner Hand herrührt, ist er höchst wahrscheinlich der Verfasser.

24. **Burckhard, Joh. Heinr.**
   a. 1731 Jan. 9. 31. Nov. 3. 29. Dez. 6.
   b. 1731 Jan. 1. 13. Febr. 1. Nov. 5. 26. 30. Dec. 3. o. D. 11. 14. 18. 24. 26. 31. *C II.*

   Erklärung antiker Sagen und ihrer Darstellungen in der bildenden Kunst als Sinnbilder geschichtlicher Thatsachen. Den Briefen sind umfangreiche Abhandlungen beigebunden oder lose beigelegt, nach Abbildungen der in Betracht kommenden Kunstwerke sind beigefügt. Zwei kleinere Beigaben handeln die eine über Abraham und Moses, die andere über Artemis und Endymion. Die Titel der grösseren Abhandlungen lauten:
   1. Sinbild in marmor, der Mond küsset den schlafenden schönen Endymion.
   2. Hercules und Minerva, Bündniss zwischen der Stadt Heraclea am Bosporo und Athen . . . v. Chr. 429.
   3. Ceres Stadt Drymaea Phocidis, mit zwey Knaben in der application, Rom unter Arcadio und Honorio Kaisern.
   4. Mond nicht Diana.

   Ueber dieselben Gegenstände handelt die im gleichen Band enthaltene Correspondenz mit Treuer. Den Schluss bildet der Briefwechsel mit von Hardenberg, zu dem eine Abhandlung gehört: „Gewissen aus lehr und unterricht" (in Concept von v. d. Hardt's Hand und Abschrift) und ein Lobgedicht auf Ludwig Rudolph von Braunschweig 15. Oct. 1731, worin derselbe mit Perseus verglichen wird.

25. **Carolus, Andr. Dav.**
   a. 1685 Mai 14. *A.*
   Uebersendung einer Dissertation.

26. **Carpzov, Joh. Bened.**
   b. 1686 Nov. 18. *B.*
   v. d. Hardt bittet um Bezeichnung des Tages und der Stunde, wann er C. besuchen darf.

27. **Colbius, Mathematicus**
   b. 1686 Apr. 30. *A II.*
   Persönliche Angelegenheiten ohne Bedeutung. (Concept und Abschrift.)

28. **Coler, Joh. Nicol.**
   a. 1686 Jan. 10. *A.*
   Bitte um einen Empfehlungsbrief an Elzardus.

29. **Collegium Biblicum Dresdense.**
   b. (1687 Juli 12) *B.*
   Theologie; Nutzen des Bibellesens, Studium des Urtextes.
30. **Commilitonibus,** Linguarum et Philologiae Studiosis.
   b. 1686 Dec. 12. 19. *B.*
   c. d. H. verspricht ein Privatissimum über orientalische Sprachen zu lesen: „Hunc in finem Novam methodum Hebraeam typis imprimi curabo, qua intra duas septimanas, quicquid ad Grammaticae cognitionem pertinent, solide, facile, ac cum voluptate addiscatur."
   Copisius, s. 184.
31. **Corber, Casp.**
   a. o. D. 1686 Mai 22. — 1687 März 6. 7. Mai 1. — 1689 Nov. 26. Dec. 16. — 1690 Febr. 3. Apr. 15. o. D. Mai 17. 26. *A.*
   b. o. D. (wahrscheinl. 1686. 2 Br.). — 1686 o. D. Apr. 30. Juli 10. *A II.* — 1687 Jan. 5. März 11. Apr. 21. — 1689 Nov. 20. Dec. 3. — 1690. Jan. 2. Febr. 6. Apr. 2. 11. 18. Mai 3. 17. *B. Litteraria. c. d. H. Berufung nach Helmstedt.*
32. **Crassel, Joh.**
   a. 1690 Mai 25. *A.*
   Bitte an c. d. H. mit dem Schreiber in Correspondenz zu treten über theologische Gegenstände.
33. **Crusius, Georg Andr.**
   a. 1687 Oct. 11. *A.*
   b. 1687 Oct. 14. *B.*
   Theologie, Pietismus, Spener.
34. **Dehn, Konrad Detlef v.**
   a. 1730 Juli 29.
   b. 1730 Juli 20. Aug. 21. *C III.*
   s. Einleitung.
35. **Depenbrock, Joh. Christoph.** Gymnasii rector (Lipstadt).
   a. 1686 Febr. 26. Mai 10. 12. Juni 15. *A.*
   b. 1689 Apr. 15. *B.*
   Litteraria.
36. **Diecmann, Joh.**
   b. 1689 Juni 27. — 1690 Jan. 22. *B.*
   Theologie, besonders Exegese.
37. **Dornkrellius, L.**
   b. 1690 Febr. 1.
   Theologie. Litteraria.
38. **Dornmann.** Diaconus Ecclesiae Hamburgensis.
   b. 1689 Aug. 6.
   Theologie. Pietismus.

39. **Echlitius, Christian Gottfr.**
   a. 1687 Dec. 9. *A.*
   b. 1687 Aug. 23. *B.*
   Theologie, Pietismus, Collegium philobiblicum, Spener.
40. **Edzardus sen. (Esdras).**
   b. 1690 Jan. 20. *B.*
   Beziehungen zu Rudolph August v. Braunschweig.
41. **Edzardus, Georg Eliesar.**
   b. 1690 Jan. 20. *B.*
   Exegetische Bemerkungen.
42. **Edzardus, Joh. Esdras.**
   b. 1688 Febr. 10. Mai 3. Sept. 22. — 1690 Jan. 20 *B.*
   Beziehungen der E. zu Herzog Rudolph August v. Braunschweig.
43. **Eichfeldius,** Pastor Cellensis.
   b. 1688 Nov. 29. — 1689 Nov. 28. *B.*
   Persönliche und religiöse Gegenstände. Exegese.
44. **Elers (Ehlers), Heinr. Jul.**
   a. 1689 Mai 18. *A.*
   b. 1689 Juni 14 *B.*
   Religiöse Gegenstände im Sinne des Pietismus.
45. **Ermischius, J.,** Brunsvicensium Pastor.
   b. 1688 Oct. 16. Nov. 15. 21. 28. Dec. 3. — 1689 Jan. 15. *B.*
   Unbedeutende Mittheilungen persönlicher Art. Exegese.
   Fabricius, s. 185.
46. **Finckius, Henr.** Ecclesiae Nienfeldensis Pastor.
   b. 1689 Apr. 30. *B.*
   Exegetisches zu Hiob 19. 9 *S. fol.*
47. **Francke, Aug. Herm.**
   a. 1687 Sept. 15. — 1688 Aug. 11. 28. 30. Sept. 8. u. D. (praes. Oct. 23.) Oct. 31. Nov. 21. 23. — 1689 Jan. 3. 8. 18. 22 (Beil. 1). 25. Febr. 8. 15. 19. März 6. 30. Apr. 20. Mai 18. Juni 26. Juli 27. Aug. 13 (Beil. 2). Sept. 27. Oct. 10 (Beil 3). *A.*
   b. 1687 Juni 14. Juli 4. Sept. 13. 20. Oct. 31. — 1688 Apr. 20 (Beil. 4). Juni 2 (Beil. 5). Aug. 8. 28. 30. Sept. 2. 6. 18 (Beil. 6). 25. 28. Oct. 27. 28. Nov. 1. 6. 11. 27 (Beil 7). Dec. 7. — 1689 Jan. 2. 11. 16. 28. Febr. 9. 20. 23. März 6. 16. 30. Apr. 21. Mai 29. Juni 13. Juli 17. 20. Aug. 7. 28. Sept. 10 (Beil. 8). 28. Oct. 10. 31. — 1690 Jan. 3. *B.*
   Stipendium Schabbelianum. Collegium philobiblicum. Pietismus in Dresden, Hamburg, Leipzig. Theologische und religiöse Fragen. Exegese. Francke in Lüneburg, Hamburg u. Leipzig, v. d. H. Beziehungen zu Rudolf August v. Braunschweig.

Beilagen:
1. 18 Thesen über die Rechtfertigung.
2. Feller's Sonnet „Es ist jetzt Stadtbekandt der Nahm der Pietisten" von Francke's Hand und mit einer zwölfzeiligen Weiterführung von Francke, die an v. d. H. gerichtet ist.
3. Druck: Introductio in Epistolam ad Ephesos a M. A. H. Francken. Halae 1689.
4. Memorial. S. Hochf. Durchl. überschicken hiebei, wass der H. Hofprediger Schröder ausgesetzet umb Solches dem H. H. zu communiciren: Ihro Durchl. wollen nicht hoffen, dass hierein einige personalia solten angeführet sein, Sie haben dieses wegen Vieler hohen affairen nicht gelesen, der H. Hofprediger, hat dass Erste ändern, und die darin befindliche personalia ausslassen müssen. Ihro Durchl. verlangen hierauf dess H. H. andwort. (Am Ostertage 1688 hatte v. d. H. bei Hofe mit grossem Erfolg gepredigt. Der Herzog selbst war in Thränen ausgebrochen. Diese Predigt hatte der Hofprediger Schröder wegen angeblich darin enthaltener Irrlehren angegriffen. Schröder's Anklageschrift und v. d. H. Vertheidigung bilden ein Convolut von 24 Bl. fol.)
5. Excerpta ex epistola D. D. Gloxini ad M. Franckium. Lüb(eck) 31. Mai 1688 (Stipendium Schabbelianum betr.).
6. Antwort eines Frantzösischen Predigers zu berlin, auff einiger in hessen sich anfhaltender Französischen Refugies anfragen, wegen unterschreibung einiger Ihn vorgelegter articul.
7. Brief v. d. H. an Rudolph August von Braunschweig 27. Nov. 1688.
8. Brief v. d. H. an Rudolph August von Braunschweig 10. Sept. 1689.

48. **Frauendorf, Joh. Christoph.**
   a. 1687 Sept. 11. *A.*
   b. 1687 Sept. 20. *B.*
   v. d. H. ermittelt eine Bitte F.'s um Speners Rath.
49. **Friedel, Andr.**
   a. 1687 Aug. 13. Dec. 3 (fälschlich datirt 1683. Vermerk v. d. H.'s „Lneb. praes. A. 1687 d. 22. Dec."). *A.*
   b. 1687 Oct. 11. *B.*
   Theologie, Collegium philobiblicum.
   Frischmuth s. 141.
50. **Frobese, Joh. Nic.**
   a. o. D. *A.* — (1731 März. 2 Br. o. D.).
   b. 1731 März 14. 19. 25. *A V.*
   Chronologie. Es liegen bei calendarische Tabellen von 1650—1700.
51. **Gleyner, Gottlieb Benjamin.**
   a. 1688 Apr. 3. Juni 29. Juli 26. Aug. 11. Sept. 8. Dec. 12. — 1689 Juli 24 (Beil. 1). 27. 31. Aug. 3 (Beil. 2). 7.

und 11 (an Möller u. v. d. H. Beil. 3.). Sept. 7 (Beil. 4). 11 (Beil. 5). 28. Oct. 11 (Beil. 6). Nov. 9. 20 (Beil. 7). Dec. 18. - 1690 Jan. 11. Febr. 1. März 1 (falsch datirt Febr. 1. Beil. 8.). *A.*

b. 1687 Dec. 19. — 1688 Mai 14. Aug. 28. Sept. 20. Dec. 17. — 1689 Juli 24. Aug. 6. Sept. 28. Oct. 31. — 1690 Jan. 4 (Beil. 9). 23. *B.*

Vgl. 58.

Theologie, Exegese. Collegium Philobiblicum in Dresden. Pietismus in Dresden, Hamburg, Leipzig, bes. Francke's Verhör und Vertheidigung. Gleyner in Hamburg. r. d. H. Berufung nach Rostock. Litteraria, bes. Lutherlitteratur.

Beilagen:

1. Ex litteris Molleri ad Gleynorum. 27. Juli 1689 (v. d. H. Berufung nach Rostock betr.).
2. Brief: Möller und v. d. H. an Gleyner. 6. Aug. 1689.
3. Erklärung Gleyner's dem Ministerium in Hamburg gegenüber.
4. Excerpta ex literis Gleyneri ad Moellerum 14. Sept. 1689 (Francke und Leipzig betr.).
5. Excerpta ex Epistola Dni Gottlieb Benjamin Gleiner's ad Moellerum de die 25. Sept. 1689 (Francke und Leipzig betr.).
6. Thesis I—XXII.
7. Sonnet (von Feller auf H. Göring's Tod): „Ich habe jüngst gedacht der hiesigen Pietisten ..."
8. Druck: L. Adamus Rechenberg Academiae Lipsiensis Rector ... Philosophiae et B. A. candidatis S. P. D. Lipsiae Cal. Dec. 1689. 1 Bl. fol.
9. Die Titel dreier Schriften auf einem Octavzettelchen; scheint nicht zu diesem Briefwechsel zu gehören.

52. **Gloxin, Anton Heinrich.**

a. o. D. *A I.* — 1687 Aug. 27. Nov. 6. — 1688 Febr. 15. 25 März 28. Apr. 4. — 1689 Jan. 27. Febr. 4. *A.*

b. 1687 Apr. 21 (Beil. 1 an Gloxin und Marquard.). Oct. 20. Dec. 5. — 1688 Jan. 1. 25. Febr. 2. 8. 20. März 22. 31. Mai 5. Juni 9. Juli 4. 16. Oct. 4. 11. 23. Nov. 30. — 1689 Jan. 24 (Beil. 2). *B.*

Vgl. 47.

Stipendium Schabbelianum.

Beilagen:

1. Eingabe v. d. H. zur Erlangung des Stipendium Schabbelianum.
2. Die Summa aller Lehre (eine Reihe von Citaten aus der Bibel).

53. **Grafe, H.,** consiliarius Ducis Rudolphi Augusti.

a. 1689 Aug. 14. Sept. 14. 21. - 1690 Jan. 22. *A.*

b. 1689 Mai 1 (Beil. 1). Aug. 6. Sept. 18 (Beil. 2). 24. — 1690 Jan. 14. 21. *B.*
Litteraria: Nachweise und Auszüge. e. d. H. weisst den Verdacht zurück Verfasser von „Liberii de sancto amore Epistolae theologicae" zu sein.

Beilagen:
1. Gedruckter Catalog hebräischer Schriften auf einem 8° Bl.
2. Vier Chronosticha aus Psalmstellen gebildet.

54. **Grossgebauer, Joh. Val.**
a. 1687 März 26. — 1688 Febr. 7. Juli 25. Oct. 1. 22. — 1689 Jan. 6. 29. Apr. 1. 9. 22. Juni 14. Sept. 21. — 1690 Jan. 20. Apr. 14. Mai 1. 6. *A.*
b. 1687 März 21. Dec. 14. — 1688 Jan. 23. Febr. 21. Apr. 2. Juli 10. 25. Aug. 10. Oct. 2. 9. Nov. 15. — 1689 Jan. 2. 21. Febr. 1. Apr. 11. 13 (Beil. Lautensack übersendet an v. d. H. 50 Thaler). 27. Mai 11. Juni 12. Sept. 10. 24. Dec. 7. — 1690 Jan. 13. 28. Apr. 11. 18. 28. *B.*
Theologie, Exegese, Litteraria. e. d. H. Berufung nach Rostock. Pietismus in Hamburg.

55. **Günther, Joh.**
a. 1687 Juli 3. *A.*
b. 1687 Juni 17. *B.*
Theologie, Exegese, Luther.

56. **Haak, Jo. Jac.**
a. 1687 März 10. *A.*
b. 1687 März 14. Juli 2. *B.*
Litteraria, bes. rabbinische Litteratur.

57. **Hackemann, Friedr. Aug.**
a. 1690 Jun. 2. *A.*
b. 1690 Jan. 17. *B.*
e. d. H. soll die Uebersendung zweier zu Helmstedt gedruckter Gratulationsgedichte von Hackemann an Rudolph August und Rosina Elisabeth von Braunschweig vermitteln. Die beiden Drucke liegen bei.

58. **Hamel, Eberhard.**
a. 1689 Apr. 27. (an Gleyner) 28. (an Beckmann). *A.*
b. 1689 März 15. *B.*
Pietismus in Hamburg. Der Brief e. d. H.'s ist eine 8 Bl. fol. umfassende Abhandlung: „ό δεφθόλος. Der lästerer oder Verläumder".

59. **Hamel, Jac. v.**
a. 1678 Mai 25. *B I.*
Geldangelegenheit.

60. **Hansen, Ludwig.**
   a. 1686 Mai 17. *A.*
   Religiöse Bedenken, Bitte um Rath und Trost.
61. **Hardenberg, v.**
   a. o. D. (praes. 19. Febr. 1731.)   1731 März 7.
   b. 1731 Febr. 20. 27. *C II.*
   Vgl. 24.
   „Vom Wesen des Gewissens."
62. **Hardt, Catharina Magdalena v. d.**
   a. o. D. (1680). *B I.*
   Einladung zur Hochzeit.
63. **Hardt, Erdwin v. d.**
   a. 1677 Juli 1. — 1678 Sept. 16. Nov. 14.   1679 o. D. Nov. 10.
   1721 Apr. 9. *B I.*
   b. 1688 Mai 18. *B.*
   Familienangelegenheiten, ins. Richard v. d. Hardt.
64. **Hardt, Hermann v. d.** (Vater).
   a. 1673 $\frac{25.\ \text{Juni}}{5.\ \text{Juli}}$ (an H. u. Erdwin v. d. H.). — 1676 Nov. 1. 28. (an H. u. Erdwin). Dec. 14 (an H. u. Erdwin). — 1677. Jan. 10. (an H. u. Erdwin). März 12 (an H. u. Erdwin). Mai $\frac{2}{12}\cdot\frac{13}{23}\cdot$ Juli $\frac{1}{11}\cdot$ Aug. 20. Sept. 5. $\frac{12}{22}\cdot$ Nov. $\frac{4}{14}\cdot$ Dec. 6. — 1678 Jan. $\frac{9}{19}\cdot$ Mai $\frac{18}{28}\cdot$ Sept. $\frac{4}{14}\cdot$ o. D. Nov. 9. — 1679 März $\frac{12}{22}\cdot$ Mai $\frac{13}{23}\cdot$ Aug. 18. Oct. 7. 21. — 1679 Nov. 10. — 1680 Jan. 15. o. D. Febr. 17. März 2 (an H. u. Erdwin). $\frac{3}{13}\cdot\frac{4}{14}\cdot$ Mai 14. o. D. Juli o. D. Sept. 9. 11. *B I.* — 1686 Jan. 18. März 23. Apr. $\frac{10}{20}\cdot$ 23. Juni 12. 15. 15 (Beil. u. Copie). Juli 24. 27. Aug. 7 (Beil.). Sept. 7. 25. Oct. 9. Dec. 7. 16. 31. *A I.*
   b. o. D. (wahrscheinlich 1686). — 1686 Sept. 25. — 1689 Mai 7. *B.*
   Familienangelegenheiten, besonders Richard v. d. H.
65. **Hardt, Joh. Peter v. d.**
   b. 1690 Jan. 29.
   Rathschläge für das Studium.
66. **Hardt, Joh. Richard.** Rector Hadersleberisis.
   a. 1690 Febr. 1. *B.* — 1721 März 19 (an Joh. Peter v. d H.) *B I.*
   b. 1689 Juni 15. Juli 30 (Beil.: Disposition zur Beschreibung einer Stadt).
   Familienangelegenheiten.

67. **Hardt, Peter v. d.**
   a. 1687 Sept. 22. -- 1689 Juni 9. *B I.*
   b. 1687 Juli 12. *B.*
   Familiennachrichten. Universität Wittenberg. Spener.
68. **Hardt, Richard v. d.**
   a. 1685 März 8. *B I.* -- o. D. 1686 o. D. Jan. 19 (Conc. u. Abschrift). Febr. 4. März 17. Sept. 24. *A I.* -- 1688 o. D. (praes. 3. Mai) *B.* -- 1689 Mai 22. *B I.*
   b. 1686 o. D. Jan. 25 (Beil.). 26. März 6. — 1688 Febr. 1. März 17. Juni 13.
   Familienangelegenheiten. Theologie, Exegese. Richard hat durch ein wildes Studentenleben Vater und Brüdern Grund zu Sorgen und Klagen und Stoff zu einer grossen Anzahl von Briefen gegeben.

   Beilagen:
   1. Brief an Richard v. d. H. vom 25. Jan. 1686.
   2. Brief an Joh. Richard v. d. H. vom 29. Jan. 1686.
   3. Brief von Joh. Richard v. d. H. an Hermann v. d. H. 20. März 1686.
69. **Hattenbach, Joh. Georg.**
   a. 1686 Mai 17. Apr. 20. 1687 Juli 19. 1688 Febr. 8. Sept. 20. -- 1689 Juli 27. *A.*
   b. 1687 März 22. Juni 17. Aug. 23. Oct. 20. 1688 März 23. — 1689 Aug. 6. *B.*
   Studien in Leipzig. Collegium philobiblicum. Francke's Vorlesungen. Spener's Einfluss auf v. d. H. Collegia biblica in Jena und Wittenberg. V. d. H. Schrift „Augustus Lutherus Theologus".
70. **Heupel, Georg Friedrich.**
   a. 1687 Aug. 18. Sept. 24. Nov. 25. o. D. (praes. 28. Febr. 1689). *A.*
   b. 1687 Juli 2. Sept. 27. *B.*
   Universität Wittenberg. Litteraria. Religiöse Fragen.
71. **Hinkelmann, Abraham.**
   b. 1689 März 7 (Beil. 1). 1689 Jan. 10 (Beil. 2). 21. Febr. 1. Apr. 20. *B.*
   Theologie. Exegese. Litteraria.

   Beilagen:
   1. Genesis 49. 4 Bl. fol.
   2. Bruchstück einer theologischen Abhandlung (Vorrede?)
72. **Herb, Joh. Heinr.**
   a. o. D. *A.*
   b. 1688 Sept. 22. 1689 Febr. 27 (2 Br.). März 31. Aug. 6. Dec. 6. 1690 Jan. 13. Apr. 9. *B.*
   Vgl. 80.

Theologie, Luther, Litteraria, Rudolph August v. Braunschweig-Spener.

73. **Horst, Andreas.**
   b. 1690. Mai o. D. (nach 17). *B.*
   Rath und Ermahnungen zum Studium.

74. **Heynevius, Michael.**
   b. 1687 Aug. 23. *B.*
   Ermahnungen.

75. **Huthmann, Henning.**
   a. 1688 Apr. 16. — 1689 Apr. 4. *A.*
   b. 1687 Oct. 12. - 1688 Oct. 17. Nov. 26. 1689 Juli 27. *B.*
   Theologie, Exegese, Philologie, Pädagogik.

76. **Johansen, Nic.**
   a. o. D. (praes. 1689 Jan. 7.) *A I.* — 1689 Febr. 16. März 20. Apr. 5. *A.*
   b. 1689 Jan. 27. März 21. *B.*
   Theologische und religiöse Fragen.

77. **Jordan, Henr.**
   a. 1687 März 27. Juni 2. 3. 6. 13. *A.*
   b. 1687 März 21. Juni 13. *B.*
   Unbedeutende persönliche Mittheilungen, besonders eine Erkrankung Jordan's in Leipzig.

78. **Kahler, Joh. Nicol.**
   a. 1686 Mai 19. *A.*
   Bitte um einen Empfehlungsbrief an Edzardus.

79. **Körffer, Heinr.**
   a. 1686 Jan. 1. Mai 3. 28. Juli 12. 15. *A.*
   Geldangelegenheit.

80. **Korthold, Christian.**
   a. 1688 Dec. 1. — 1689 März 25 (Beil. 1). *A.* Juli 13. *A I.*
   b. 1689 März 21. Apr. 23. 30. Juli 3 (Beil. 2). 20. $\frac{16}{26}$. Sept. 12. Oct. 12 (Beil. 3). 19. *B.*
   Vgl. 120.
   Litteraria, Theologie, Exegese, Pietismus in Hamburg, Beabsichtigte Promotion v. d. H.'s an der theologischen Fakultät der Universität Kiel.

   Beilagen:
   1. Drei Briefe von Korthold vom 12. Oct 1689: I. an J. H. Horb. II. an den Herzog Rudolph August von Braunschweig. III. an Spener mit einer weiteren Beilage: „Excerpta ex Epist. Krügeri Lipsiae 14. Oct. 1689 ad C. Strahlium" (betr. Francke's Anklage und Verhör).

2. Druck: Empshychovius in contutat. Braunij Colon. p. 275 (2 Expl.)
3. Brevis enarratio bei 1 Cor. 15, 24—28. von v. d. Hardt's Hand mit vielen Besserungen. Am Schluss: „Scrib. Kilonii A. 89 d. 13. Octobr."

Krüger s. 80.

81. **Lakemacher, Joh. Gottfried.**
   a. o. D. (1731).
   b. o. D. (1731). *C II.*
   Vgl. 24
   Erklärung antiker Bildwerke.

82. **Lange, Christian,** scholae Osterwicensis rector.
   a. 1687 Apr. 13. *A.*
   b. 1687 Jan. 5. *B.*
   Theologie, besonders Studium derselben

83. **Lautensac, J. v.**
   a. 1686 Oct. 9. — 1688 Oct. 26. Nov. 12. — 1689 März 24. *A.*
   Beziehungen e. d. H.'s zum Braunschweigischen Hof.

84. **Lehmann (Georg?),** ss. Theol. Doctor, Professor, Superintendens. Senior.
   b. 1686 Febr. 22. *A II.*
   Einfluss Lehmann's auf das religiöse Leben v. d. H.'s.

85. **Leibniz, Gottfr. Wilh.**
   a. 1694 Dec. 28. — 1695 März 23. Sept. 26. 28. Dec. 19.? — 1696 Jan. 12. Apr. o. D. Oct. 20. — 1697 Oct. 8. Nov. 9. Dec. 4. — 1698 Sept. 9. o. D. Dec. 23 (Beil. 1). — 1699 Jan. 20. März 30. Oct. 6. 20. — 1700 Apr. 8. Mai 4. — 1701 o. D. Apr. 29. Aug. 9. 1705 Jan. 2. März 24. Sept. 13. 1706 Juli 23 (Beil. 2). Aug. 31. Sept. 7. Oct. 22 (Beil. 3). 29. — 1707 Dec. 19. 27. — 1708 Jan. 26. Febr. 24. März 15. Sept. 4. 18. — 1711 Juni 24. Aug. 6. 11. Sept. 2. Oct. 6. — 1716 Apr. o. D. Mai 5. Aug. 29.
   Theologie, namentlich Exeges., Philosophie, Philologia, Litteraria, insbesondere Leibniz' Histoire de Bileam. Vgl. Brambach, Leibniz Verfasser der Histoire de Bileam, wo die sieben Briefe vom 23. Juli 1706 bis 27. Dec. 1707 abgedruckt sind, p. 16—25.
   Beilagen:
   1. Jablonski an Leibniz (Excerpt aus einem Briefe).
   2. Pfierle jenne an Leibniz über v. d. H.'s Abhandlung „de convis Eliae".
   3. Zwei Exemplare der „Histoire de Bileam" mit Correcturbemerkungen von Leibniz und handschriftlichen Zusätzen v. d. H.'s. Vgl. Brambach a. a. O. p. 29 ff.

86. **Lerche, Joh. Heinr.**
   a. 1688 Sept. 11. 1690 Febr. 26. Apr. 25. *A.*
   b. 1688 Oct. 31. Nov. 24. 1689 Juli 27. — 1690 Apr. 9. *B.*

v. d. H.'s Berufung nach Helmstedt. Empfehlung eines jungen Verwandten von Lerche an v. d. H.

87. **Leukefeld, Justus Henricus.**
a. 1686 Febr. 24. Apr. 10. Aug. 28. Nov. 6. — 1687 Jan. 12. Febr. 29. März 30. Nov. 9. *A.* Dec. o. D. *A I.* 1688 Jan. 30. Febr. 11. März 20. Apr. 24. — 1689 Apr. 25. — 1690 Febr. 6. *A.*
b. o. D. (wahrscheinlich 1686). — 1686 März 17. Mai 8. *A II.* Dec. 6. — 1687 Jan. 7. März 5. Apr. 22. Oct. 12. Dec. 5. 20. — 1688 Jan. 26. Febr. 6. März 23. 30. 1689 Mai 31. — 1690 o. D. *B.*
Theologie, besonders Studium derselben. Stipendium Schabbelianum.

88. **Leukefeld, Werner Martin.**
a. Fragm. o. D. *A I.* - 1687 März 26. Apr. 3 (Beil. 1). 20 (Beil. 2). o. D. (praes. Aug. 1). Nov. 29. Dec 20. — 1688 Febr. 3. 7. 20. Apr. 6. Mai 14. o. D. (praes. Juni 9). Juli 2. 17. 26. Sept. 9. 24. -- 1689 Dec. 18. -- 1690 Febr. 6. *A.*
b. 1686 Oct. 9. — 1687 März 22. 29. Apr. 12. Dec. 10. 15. — 1688 Jan. 23. Febr. 11 (Beil 3). 20. Apr. 3. Mai 12. 23. Juni 21. Sept. 11. — 1689 März 30. Aug. 6. Sept. 10. --- 1690 Jan. 29. *B.*
Theologie. Stipendium Schabbelianum. Pietismus in Dresden und Leipzig. Collegium Biblicum in Dresden. Litteraria.
Beilagen:
1. Excerpta quaedam ex Fratris literis.
2. Kleiner Zettel v. d. H. betr.
3. Rangliste (des Dresdener Hofs?).

89. **Lindenberg, Nicol.**
a. 1686 Febr. 3. März 30. Apr. 7. Sept. 17. Nov. 17. Dec. 22. -- 1687 Oct. 26. Nov. 22. Dec. 17. — 1688 Jan. 2. 14 (Beil.) Febr. 8. 22. Apr. 3. Juli 29. 31. Aug. 13. Sept. 14. — 1689 März 3. Febr 21. *A.*
b. o. D. (drei Briefe, wahrscheinlich 1686). — 1686 März 19. Apr. 12. Sept. 22 (s. Martini). *A II.* Dec. 6. -- 1687 Apr. 23. Dec. 12 19. — 1688 Jan. 7. 22. 24. Febr. 7. März 23. Juli 14. Sept. 2. *B.*
Vgl. 95.
Pietismus in Dresden, Harburg, Celle, Lüneburg. Theologie. Philologie.

90. **Lipper, Joh. Georg.**
a. 1689 März 17 (Vermerk von v. d. H. „praes. d. 23. Martii A. 90"). *A I.*
Privatangelegenheit.

91. **Löning, Henning.**
   a. 1681 März 17. 21. *A.*
   Orientalische Philologie.
92. **Lüdersen.**
   b. 1689 Juli 25. Nov. 12. — 1690 Jan. 2. *B.*
   Litteraria. Exegese.
93. **Ludewich, Aeneas Christian.** Cantor scholae Euthiniensis.
   a. 1689 März 29. *A I.*
   Schulverhältnisse bes. in Eutin. L. bittet c. d. H., dass zu einer andern Stelle zu verhelfen.
94. **Lüssen, H.**
   a. 1687 Oct. 27. *A.*
   Litteraria. Uebersetzungen. Spener.
   Marquard s. 52.
95. **Martini, Peter Christoph.**
   a. 1686 Sept. 30. Oct. 21. — 1687 Jan. 11. Febr. 10. März 3. Apr. 29. Nov. 5. — 1688 Mai 29. Juli 17. Sept. 25. — 1689 Apr. 17. Sept. 23. Nov. 25. 1690 Jan. 27. *A.*
   b. 1686 Sept. 22. (an M. und Lindenberg) *A II.* Oct. 11. Dec. 9. 1687 Jan. 14. Febr. 5. 12. März 6. 10. 12. 19. Apr. 23. 26. Mai 24. Nov. 11. 1688 Mai 14. Juli 6. Sept. 11. Oct. 31. — 1689 Juli 5 (Beil). Aug. 14. Oct. 30. — 1690 Jan. 2. März 30. Apr. 30. *B.*
   Theologische Studien in Dresden. Pietismus in Dresden und Leipzig. c. d. H.'s Berufung nach Helmstedt.
   Beilage:
   Druck: Empsychovius in confutat. Braunij p. 275. (2 Expl.)
96. **Matthaei, Georg Heinr.**
   a. 1686 Juni 9. Aug. 30. Oct. 19. Nov. 10. 23. Dec. 29. — 1687 Febr. 9. *A.*
   b. o. D. (wahrscheinlich 1686) *A II.* 1686 Oct. 9. 16. 21. Nov. 13. Dec. 9. — 1687 Jan. 25. Febr. 19.
   Studien in Jena.
97. **Mayer, Ulrich.**
   a. 1686 März 11. *A.*
   b. 1686 März 9. 12. *A II.*
   Theologie.
98. **Mecklenburg, Sophie v.**
   b. 1689 Juni 26. Aug. 1. Sept. 11. — 1690 Jan. 19. *B.*
   Religiöse Gegenstände im Sinne des Pietismus.
99. **Mejer, Barthol.**
   a. 1688 Nov. 24. Dec. 6. 11. 21. 1689 Sept. 27. Dec. 3. — 1690 Jan. 22. Mai 28. *A.*

b. 1688 Nov. 12. 21. 25. Dec. 9. 20. — 1689 Jan. 5. Aug. 24. Oct. 1.
Nov. 12. 29. Dec. 9 (Beil.). — 1690 Jan. 1. 13. 18. 20. März 4. *B.*
Theologie. Pietismus, besonders in Dresden und Leipzig.
Beilage:
Brief v. d. H.'s an Petersen 10. Dec. 1689.

100. **Mejer, Gerhard.**
a. 1687 Juli 28. Sept. 30. Nov. 24. — 1688 Jan. 13. Febr. 24. *A.*
b. 1687 Sept. 8.
Studium der Theologie zu Wittenberg. Collegium philobiblicum daselbst durch Mejer errichtet. Litteraria.

101. **Meigener, Wilh.**
a. 1679 Nov. 8. 14. *B I.*
Geldangelegenheit.

102. **Meis, Friedr. Ernst.**
a. 1687 Nov. 28. *A.*
Aufenthalt Meis' in Dresden.

103. **Mellen, Jacob v.**
a. 1690 Jan. 29. Mai 20. *A.*
b. 1690 Jan. 13. o. D. (2. oder 3. Mai). *B.*
Litteraria.

104. **Mencke, Otto.**
b. o. D. (wahrscheinlich 1686). — 1686 o. D. Mai 19. *A II.* Oct. 12. 18. Nov. 16. — 1687 März 15. 25. Juni 16. — 1688 Febr. 20. *B.*
Theologie, besonders theologische Litteratur und Exegese. Spener.

105. **Metzendorff, Matthias.**
a. 1688 März 21. — 1689 März 13. *A.*
b. 1689 Jan. 14. Febr. 13. März 8. — 1690 Jan. 15. *B.*
Religiöse und theologische Fragen. Pietismus in Hamburg.

106. **Meyer, Heinr.** Superintendens Guelpherbytanus.
b. 1689 Juli 25. *B.*
r. d. H.'s Stellung in Braunschweig.
Meyer, M. s. 21.

107. **Mitternacht.** S. Theol. Candidatus (in Dresden).
b. 1687 Dec. 14. *B.*
Religiöse Gegenstände.

Molanus s. 186.

108. **Möller, Caspar.**
a. 1687 März 26. Juni 26. Nov. 16. — 1688 Apr. 3. 23. Juli 2.
— 1689 Jan. 22. Febr. $\frac{5}{\text{Jan. 26}}$. Febr. $\frac{12}{2}$. $\frac{9}{19}$. März 15. Nov. 24.
Dec. $\frac{10}{20}$. 11. 16. — 1690 Febr. 25. Mai 8. *A.*

b. 1687 März 22. Juni 17. Juli 1. Dec. 19. — 1688 Mai 14. — 1689 Jan. 1. — 1690 Febr. 7. März 30. *B*.
Vgl. 22. 51. 146.
Theologie. Collegium philobiblicum, theologische Vorlesungen und Studien in Leipzig. Besuch in Helmstedt; Bibliothek, Gelehrte, Pietismus daselbst, v. d. H.'s Berufung dahin. Gleiner.

Müller, Joh. Urban s. 187.

109. **Müller, Phil.**
   a. 1689 Juni 3. 16. Juli 24. *B I*.
   Unbedeutende persönliche Angelegenheiten.

110. **Münchhausen, Hieronymus v.**
   b. 1731 Sept. 18. *C II*.
   Herausgabe v. d. H.'scher Werke, besonders seiner Grammatiken.

111. **Neus, Heinr. Georg.**
   a. 1688 Nov. 13. Dec. 2. 15. 16. 20. — 1690 Febr. 28. Apr. 25. *A*.
   b. 1688 Oct. 16. Nov. 21. 23. Dec. 4 (Beil.). 12. — 1689 Juli 26. — 1690 Jan. 2. Apr. 10. *B*.
   Religiöse und theologische Gegenstände.

   Beilage:
   Brief v. d. H.'s an Herzog Rudolph August von Braunschweig. 4. Dec. 1688.

Neumann s. 21.

112. **Niemeier, Heinr. Wilh.**
   a. 1720 Dec. 3. 10. 22. — 1721 Jan. 10. 11. 22. 24. Febr. 6. 13. 19. 27. März 11. 31. Mai 9. Juni 11. Juli 5 (Beil.). 15. Aug. 9. Sept. 26. Oct. 15. 31. *A*.
   Theologie. Litteraria.

   Beilage:
   Druck: Piis amoribus Henrici Gulielmi Niemeieri ... et Johannae Marinae Magd. Heimine ... gratulantes applaudebant ... Musae Charitesque, interprete ... Hermanno von der Hardt. Helmstadii (1721).

Nifanius s. 188.

113. **Nollenius, Zacharias.**
   a. 1709 März und Apr.
   b. 1709 März. *C I*.
   fol. 36. "Epistolae Zacharine Noltenii de magicis inter Judaeos et Christianos Planetarum nummis. Scriptae A. 1709 mense Martio et Aprili".
   fol. 53. "Epistolae ad Noltenium responsoria, scriptae A. 1709 mense Martio".

Beilagen:
3 Drucke:
1. Amuletum Christianorum ineffabile (Ausschnitt).
2. Glück. Helmstädt 1707. fol.
3. Gute Tage. Helmstädt 1707. fol.
   In einer im vorderen Deckel angebrachten Scheide vier bleierne Medaillenabgüsse, überschrieben: Solis, Lunae, Martis, Veneris.

114. **Oldermann, Joh.**
   a. 1686 März 20. Sept. 24. *A.*
   b. 1686 Jan. 25. Juli 27. *A II.* — 1687 Jan. 10. Febr. 5. 17. Mai 25. Sept. 23. Nov. 17. Dec. 21. — 1688 Mai 17. Nov. 28. — 1689 Mai 10. — 1690 Jan. 25. *B.*
   Theologie, Exegese. r. d. H.'sche Familienangelegenheiten.

115. **Olearius, Joh.**
   b. 1686 Nov. 18. *B.*
   Olearius als Exeget.

116. **Oettingen, F. L. Graf v.**
   a. 1735 Mai 24. *A I.*
   Aufenthalt Oettingens in Brüssel.

117. **Otto, Christoph.**
   a. 1690 März 24. *A.*
   b. 1690 Apr. 2. *B.*
   Persönliche Angelegenheiten ohne Bedeutung.

   Patin s. 189.

118. **Pecksteenius, Jann Albert.**
   a. 1680 Sept. $\frac{8}{18}$. *A I.*
   Familienangelegenheiten.

119. **Pestorff, Joh. Lucas.**
   a. o. J. Jan. 24. — o. D. (praes. 1688 Dec. 6). — 1688 Dec. 16. *A.*
   b. 1688 Dec. 3. 14. 16. — 1689 Jan. 15. *B.*
   Litteraria. Theologie.

120. **Petersen, Joh. Wilh.**
   a. 1686 Febr. 5 (an Kortholt). — 1689 März 7. Oct. 30. Dec. 12. — 1690 Jan. 2. März 14. Apr. 17. *A.*
   b. 1689 Febr. 3. 23. März 8. 22. Mai 16. Juli 18. Nov. 13. Dec. 9. 27. — 1690 Jan. 9. 14. Apr. 22. 29. *B.*
   vgl. 99.
   Theologische und religiöse Gegenstände. Der Brief an Kortholt vom 5. Febr. 1686 ist eine 18 Bl. fol. umfassende Abhandlung über das siebente Capitel des Römerbriefs.

121. **Petersen, Johanna Eleonora.**
   a. o. D. (Copie?) — 1689 Febr. 10 (Beil.). Oct. 29. *A.*
   3.

Religiöse Fragen. Der erste Brief o. D. umfasst 4 Bl. fol. und behandelt die Auferstehung.
Beilage:
Abschrift eines an Spener gerichteten Schreibens über die Offenbarung Johannis. 40 Bl. 4°.

122. **Pfautz, Christoph.**
 b. 1686 Nov. 11. *B.*
 Dankschreiben.

123. **Poppelmann, Joh.**
 a. 1690 März — *A.*
 b. 1690 Jan. 14. *B.*
 c. d. H.'s Berufung nach Rostock und andere persönliche Angelegenheiten.

124. **Pott, Joh.**
 a. 1688 Sept. 8.
 b. 1688 Sept. 20. Nov. 18. 28.
 Religiöses Leben im Geiste des Pietismus.

125. **Rathleff, Ern. Ludw.**
 a. 1736 Febr. 13.
 b. 1736 Febr. 18. *B I.*
 Biographie c. d. H.'s betreffend.

126. **Rebe, Friedr.**
 a. 1689 Jan. 4. Mai 3. o. D. (praes. Juni 30). Juli 17. Aug. 10. 12. *A.*
 b. 1689 Jan. 28. Juni 13. Aug. 7. — 1690 Jan. 23. *B.*
 Pietismus in Dresden und Leipzig, besonders Francke.

127. **Rebe, Zacharias.**
 a. 1688 Oct. 5. Nov. 27. — 1689 Jan. 3. *A.*
 b. 1688 Dec. 30. — 1689 Jan. 8. Febr. 22. *B.*
 Religiöse Fragen. Pietismus.

128. **Rechenberg, Adam.**
 a. 1687 Apr. 2. *A.*
 b. 1686 Nov. 9. — 1687 März 25. Juni 13. — 1688 Jan. 25. Febr. 19. Mai 14. — 1690 Jan. 23. *B.*
 c. d. H.'s Beziehungen zu Spener. Pietismus in Dresden. c. d. H.'s Berufung nach Rostock.

129. **Rehm, Phil. Jac.**
 a. 1687 Apr. 11. Juni 23. *A.*
 b. 1687 Juni 14. Juli 1. *B.*
 Religiöse Gegenstände.

130. **Reiffenstein, F. W.**
 a. 1688 Dec. 13. *A.*
 Begrüssungsschreiben.

131. **Reinbeck, Andreas.**
a. 1688 Dec. 16. — 1689 Mai 1. Aug. 1 (Beil. 1). Oct. 30. — 1690 Febr. 21. Apr. 4. *A.*
b. 1688 Nov. 29. — 1689 Mai 10 (Beil. 2). Juli 29. Aug. 20. Nov. 30 (Beil. 3). — 1690 Apr. 3. 8. *B.*
Litteraria. Orientalische Philologie, besonders zu Reinbecks Schrift de accentibus Hebraeorum. Pietismus in Hamburg und Leipzig.
Beilagen:
1. Catalogus codicum Hebraeorum In folio.
2. Brief: Vossen Wittwe an v. d. Hardt 10. Apr. 1689.
3. Gratulatio amica de Novis honoribus quibus ... coronatus est ... Johannes Lucas Postorffius facta in Lingua Hebraea ... Ab Elia Schnegassio.

132. **Reusch, Joh. Pet.**
a. 1730 März 24.
b. 1734 Aug. 19. *A.*
Litteraria.

133. **Rhein, Joh. Adolf.**
b. 1689 Sept. 17. *B.*
Religiöses Leben.

134. **Rhein, Phil. Jac.**
b. 1687 März 29. *B.*
r. d. H.'s Beziehungen zu Spener.

135. **Rhetz, v.**
b. 1730 März 8. 19. *CIII.*
s. Einleitung.
Richell s. 190.

136. **Riebstall, Joh. Christ.**
b. 1687 Oct. 10. *B.*
r. d. H.'s Aufenthalt bei Spener.

137. **Ritmeier, Christoph Heinr.**
a. 1690 Apr. 15. *A.*
Danksagung für ein übersandtes Buch.

138. **Ritmeier, Joh.** Pastor Holmst.
a. 1690 Apr. 9. *A.*
b. 1690 Apr. 2 (Beil.). 12.
Büchersendung. Lutherlitteratur. Bibliotheca Rudolphina.
Beilage:
Lectori S. P. (Bibliotheca Rudolphina betr.).

139. **Röling, Theod.**
a. 1676 Nov. 28. — 1677 März 10. — 1678 Jan. 12. *BI.*
Studien Rölings.

140. **Rumnl. Joh. Friedr.**
    a. 1688 Nov. 13. Dec. 15. — 1690 Jan. 22. März 15. *A.*
    b. 1688 Nov. 24. *B.*
    Persönliche Mittheilungen.
141. **Sagittarius, Caspar.**
    a. 1686 Jan. 20. Febr. 9 (Beil. 1). März 3. 9. 11. 17. 24. Apr. 5. 29 (Beil. 2). Mai 5. *A.* 27. *A I.* Juli 28. Aug. 4. 12. Sept. 15. 23. Oct. 27 (an Spener). Nov. 10. 18. *A.* 30. *A I.* Dec. 14. — 1687 Jan. 2. 19. Oct. 3. *A.*
    b. o. D. (wahrscheinlich 1686). — 1686 Jan. 22. Febr. 25. März 6. Aug. 7. Sept. 25. *A II.* Nov. 19. Dec. 3. 16. 17. 31. — 1687 Jan. 22. Juli o. D. Sept. 23. Nov. 7. — 1688. Jan. 27. *B.* vgl. 157.
    v. d. H.'s Studien. Richard v. d. Hardt. Litteraria. Spener und dessen Beziehungen zum Dresdener Hof, besonders zu Kurfürst Johann Georg III.

    Beilagen:
    1. Brief: Frischmuth an Sagittarius 1. Febr. 1686.
    2. Herr Riebart von Haart soll mir (Rechnung von Sagittarius für den Aufenthalt Richard v. d. H.'s in seinem Hause von Sonntag nach Neujahr bis Sonntag Judica 1686).

142. **Sahlwächter, H.**
    a. o. D. (Beil. Fragm.) *A.*

143. **Sandhagen, Caspar Hermann.**
    b. 1687 Jan. 7. Apr. 19. Oct. 31. — 1689 Juli 28. *B.*
    Theologie, Exegese. Kirchliche Zustände.

144. **Schade, Jo. Casp.**
    a. 1688 Oct. 24. — 1690 Jan. 14. *A.*
    b. 1688 Sept. 25. *B.*
    Religiöses Leben. Theologische Studien in Leipzig.

145. **Scharff (Heinrich Wilhelm?).** Ecclesiae Lunensis et vicinarum Superintendens.
    b. 1687 Dec. 26. — 1690 Jan. 15. *B.*
    Religiöses Leben.

146. **Schmid Heinr.**
    a. 1689 Sept. 1. Nov. 29 (Beil. 1). — 1690 Febr. 1 (Beil. 2). Apr. 5 (Beil. 3). *A.*
    b. 1689 Sept. 12. — 1690 Febr. 17 (Beil. 4). *B.*
    Theologie. Litteraria, Ankauf von Büchern.

    Beilagen:
    1. Brief: Schmid an Möller 3. Non. Dec. 1689.
    2. und 3. Bücherverzeichnisse.

4. Hebraeorum Fontium Studiosos ad Lectiones Hebraicas peramanter invitat Hermannus v. d. H. ... Helmst. d. — 1690. 6 Bl. fol.
Oratio de Luthero et Wicelio, Fontium Hebraeorum Interpretibus. 11 Bl. fol. (v. d. H.'s Antrittsrede in Helmst.).

147. **Schmidt, Jo. Andr.**
 a. 1686 Nov. 17. *A.*
 b. 1686 Nov. 11. 12. Dec. 9. — 1687 März 7. — 1690 (nach d. 17. Mai). *B.*
 c. d. H.'s Promotion. Empfehlungsbrief für Horst.

148. **Schüpss, Sigism. Georg.**
 a. 1688 Nov. 24. 29. *A.*
 Unbedeutende persönliche Angelegenheiten.

149. **Schomer, J. Christoph.**
 a. 1688 Mai 26. *A.*
 b. 1688 Mai 16. Aug. 2. *B.*
 Exegese. Der Brief rom 2. August 1688 umfasst 18 Bl. fol. mit zwei Beilagen, Citate enthaltend.

150. **Schoetgen,** Gymnasii Director (zu Dresden).
 b. 1730 Nov. 14. *C IV.*
 Uebersendung von Handschriften.

151. **Schrader, J. E.**
 a. 1688 Nov. 22. — 1689 Jan. 3. *A.*
 Persönliche Mittheilungen.

152. **Schröder, Nicolaus.**
 a. 1689 Mai 16. Sept. 13. *A.*
 b. 1689 Mai 17. Sept 11. — 1690 März 6. *B.*
 vgl. 22.
 Theologische und religiöse Fragen.

153. **Schrödter, Adolph Dietr.**
 a. 1688 Aug. 6. Oct. 9. *A.*
 b. 1688 Oct. 2. 23. — 1689 Jan. 30 (fratribus).
 vgl. 155.
 Persönliche Angelegenheiten.

154. **Schrödter, Christoph.**
 a. 1688 März 27. *A.* Apr. 27. *B.* Apr. 30. Mai 31. Juni 19. Juli 20. Aug. 22. *A.*
 b. 1688 Mai 7. 8. 12. 25. Juli 10. Oct. 2. 20. — 1689 Jan. 2. — 1690 Jan. 18. *B.*
 c. d. H.'s Berufung nach Rostock. Exegetische Studien.

155. **Schrödter, Gustav.**
 a. 1688 Juli 27. Oct. 12. *A.*
 b. 1688 Aug. 4. Oct. 23. — 1689 Jan. 30 (fratribus).
 vgl. 153.
 c. d. H.'s Berufung nach Rostock.

Schumann s. 191.
156. **Schwechhausen, Otto.**
 a. 1686 Juni 9. Oct. 19. Nov. 23. Dec. 29. — 1687 Febr. 11. — 1688 Jan. 12 (Beil.). — 1690 März 1. *A.*
 b. 1686 Oct. 10. Nov. 12. — 1687 Febr. 19. — 1688 Jan. 31. *B.*
 Pietismus in Dresden, Spener. Theologie.
 Beilage:
 Adressenangabe. v. d. H.'s Berufung nach Helmstedt.
157. **Seckendorff, Veit Ludw. v.**
 a. 1686 Mai 21 (an Sagittarius). — 1690 Mai 23 (an Rudolf August von Braunschweig. Beil.) *A.*
 b. 1686 Dec. 6. *B.*
 Litteraria, besonders Seckendorffs Arbeit „de Lutheranismo".
 Beilage:
 Druck: Unvorgreiflicher Vorschlag Den Commentarium Historico-Apologeticum de Lutheranismo, Tit. Veit Ludwigs von Seckendorff betr. 2 Bl. fol.
158. **Spener, Phil. Jacob.**
 a. 1686 Sept. 7 (an Paul Anton, vorgeheftet Beil. 1 und 2). — 1687 Juli 1. Aug. 1 (Collegio Philobiblico Lipsiensi. Copie). Nov. 29. Dec. 19 (Beil. 3). — 1688 Febr. 9. Mai 15. 31. Juli 17. Sept. 24. Nov. 27. Dec. 10. 13 (Beil. 4). — 1689 Jan. 24. 28. Febr. 8. März 13. Mai 17. Aug. 12. Sept. 26. Nov. 25. — 1690 Febr. 25. Apr. 23. Mai 22. *A.*
 b. 1687 Apr. 19. Aug. 27. Nov. 19. Dec. 8. 14. — 1688 Jan. 3. 23. Febr. 1. 25 (Beil. 5). März 12. 29. Apr. 3. Mai 10. 22. Juni 21. Juli 6. Sept. 8. Oct. 10. 31. Nov. 16. Dec. 6. 10. 29. — 1689 Jan. 11 (Beil. 6). 16. 28. Febr. 9. 16. 20. 23. März 29. Mai 4. 31. Aug. 14. 31. Sept. 17. Oct. 17 (Beil. 7). Nov. 20. — 1690 Jan. 2. 22. März 29. Apr. 16. o. D. *B.*
 vgl. 5. 80. 121. 141.
 Theologische und religiöse Gegenstände, Exegese. Pietismus in Dresden, Leipzig, Hamburg. r. d. H.'s Beziehungen zu Herzog Rudolph August von Braunschweig. Berufung v. d. H.'s nach Helmstedt und andere persönliche Angelegenheiten. Der Brief an P. Anton v. 7. Sept. 1686 ist mit Weglassung des Anfanges und Schlusses gedruckt: Spener, Consilia latina I. 243. Ebenda III. 696 findet sich auch das Schreiben an das Collegium philobiblicum v. 1. Aug. 1687.
 Beilagen:
 1. Devota oratio D. Doctoris Philippi Jacobi Speneri, quam ad Deum fudit, cum 14. Junii A. 1654. Collegium primum D. D. Sebastiani Schmidii inchoando, Theologica studia fausto omine inchoasset.

(Mit einer Vorbemerkung, wie v d. H. Kenntniss von dieser Rede erhalten. Das Ganze von v. d. H.'s Hand.)
2. Bruchstück, die Gründung des Collegium philobiblicum in Leipzig betr. (Copie.)
3. Theologische Abhandlung. 4 S. 4°.
4. Theologische Abhandlung. 18 Bl. 4°.
5. Copia reversus Alumnorum (bei Empfang des Schabbelianischen Stipendiums) Hamburg, den 1. Martii A. 1688.
6. Exegetisches zu Rom. 9. 5.
7. Kleiner Zettel mit rabbinischer Schrift: Litteraturangaben.

159. **Stain, Freiherr v.**
b. 1731 Jan. 14. *C II.*
c. d. H.'s *Concilium Basileense. Erklärung antiker Sagen und Bildwerke.*

160. **Steins, Dorothea.**
a. o. D. (auf der Rückseite von der Hand v. d. H.'s „Rostochii A. 1688 d. 25. April). *B.*
Einladung.

161. **Strahl, Christoph.**
a. 1689 Aug. 5. Sept. 21. *A.*
b. 1689 Aug. 8. Sept. 24. *B.*
Theologie. Pietismus in Hamburg.

162. **Thilen**, Ducis Mecklenburgensis Consiliarius.
b. 1688 Mai 7. *B.*
c. d. H.'s *Beziehungen zum Mecklenburgischen Hof.*

163. **Thilo, Joh. Esaias.**
a. o. D. — 1686 Apr. 21. Juni 9. o. D. Dec. 30. — 1687 Febr. 8. Aug. 24. Oct. 19. *A.*
b. o. D. (wahrscheinlich 1686). *A II.* — 1687 Jan. 21. März 11. Aug. 31. Nov. 4. — 1688 Jan. 29. Aug. 28. -- 1690 Apr. 10. *B.*
Litteraria. Theologie. Collegium philobiblicum in Jena.

164. **Thilo, Joh. Georg.**
a. 1690 Apr. 25. *A I.*
Einladung zur Hochzeit.

165. **Thöne, Anton.**
a. 1686 Apr. 1. — 1687 März 29. *A.*
b. 1686 März 5. *A II.* — 1688 März 19. — 1689 März 26. *B.*
Theologische und religiöse Gegenstände.

166. **Treuer, Gottl. Sam.**
a. 1731 Febr. 1. 3. 12. *C II.* 28. März 20. 23. *A.*
b. 1731 Febr. 1. 2. 11. *C II.*
vgl. 24.

Judische Alterthümer. Litteraria. Erklärung antiker Sagen und
Bildwerke.
167. **Universität Leipzig.**
b. 1686 Mai 20. *A II.*
Erlangung des Magisteriums.
168. **Voigt, Andreas Heinr.**
a. 1689 Apr. 4. *A I.*
Wohnungsangelegenheit c. d. H.'s
169. **Völcker, v.**
a. 1730 Juli 19.
b. 1730 Juli 20. *C IV.*
siehe 24.
170. **Voidt,** Ecclesiastes Holmiensis.
b. 1690 Jan. 31. *B.*
Familienangelegenheit, Richard c. d. Hardt.
171. **Vossen, Wwe.**
a. o. D. — 1689 Apr. 5. 18. Juni 11. Juli 7. Aug. 26. — 1690
Febr. 7. o. D. (praes. März 20). *A I.*
b. 1689 Apr. 12. Mai 11. — 1690 Jan. 19. *B.*
vgl. 131.
Religiöse Gegenstände. Pietismus.
Wagner s. 192.
172. **Waehner, Andr. Georg.**
a. 1734 Sept. 25. Oct. 8. 21. Dec. 20. — 1735 Jan. 10. 23. *A.*
Theologie. Litteraria, c. d. H.'s Daniel.
173. **Wedderkop, Geheimrath v.**
b. 1730 März 22. Mai 29. Juni 26. Juli 5. *C III.*
siehe Einleitung.
174. **Weiss, Heinr.**
a. 1687 Jan. 12 (an Herzog Rudolf August von Braunschweig). —
o. D. (4 Briefe ohne Datum und Adresse, aber mit Empfangs-
vermerken von der Hand v. d. H.'s). *A.*
b. 1688 Nov. 13. 21. — 1689 Jan. 15. Dec. 31. — 1690 Jan. 22
(Beil.). o. D.
Litteraria, besonders Reformationslitteratur. Herzogliche Bibliothek.
Beilage:
Bibliographisches Verzeichniss: Lutherlitteratur.
175. **Westermann.** Ecclesiae Osnabrugensis Palaeopolitanae Pastor.
b. 1687 Mai $\frac{22}{12}$. *B.*
Theologie.
176. **Winckler, Johann.**
b. 1688 Mai 20. Sept. 22. Oct. 27. — 1689 Aug. 6. — 1690 Febr. 4.

Theologie. Pietismus in Hamburg. c. d. H.'s Verhältniss zu Herzog Rudolf August c. Braunschweig.

177. **Witsch, Heinr.**
   a. 1688 Mai 8. 25. Juni 25. 29. Aug. 14. — 1689 Jan. 8. 15. *A.*
   b. 1689 Jan. 12. — 1690 Jun. 19. *B.*
   Litteraria. Persönliche Angelegenheiten.

178. **Wittich, Georg Casp.**
   a. 1678 Nov. 23. — 1679 o. D *B I.*
   Theologische und philologische Studien.

179. **Wobeking,** ad S. Catharin. Pastor, Osnabrug.
   b. 1687 Mai 25. *B.*
   Pietismus in Leipzig.

180. **Wolf, Constantin.**
   a. 1687 Sept. 9. 23. *A.*
   b. 1687 Sept. 13. *B.*
   Theologische und religiöse Gegenstände. Collegia pietatis in Wittenberg.

181. **Zeller, Eberh.**
   b. 1689 März 18 (Beil.).
   Beziehungen Zeller's zu Herzog Rudolf August von Braunschweig.
   Beilage :
   Bruchstück über Verfolgungen um des Glaubens willen. (Anf. „Eben dieses saget Petrus".)

182. **?**
   b. 1686 (12 Briefconcepte o. D. und Adresse). *A II.* — 1687 o. D. (Fragm.). Jan. 27 (Fragm.). — 1688 o. D. (Fragm.). — 1689 o. D. — 1690 o. D. *B.* — 1731 o. D. *C II.*

Anhang.

Die folgenden Stücke sind dem Briefwechsel, dem sie inhaltlich nahe stehen, vermuthlich schon durch v. d. Hardt eingefügt worden mit Ausnahme des Briefes von Patin an Friedrich VI. von Baden, den Molter in einem Buche der Badischen Hofbibliothek vorgefunden und willkürlich dieser Sammlung einverleibt hat.

183. **Brun, Joh.** an M. W. Leukefeld.
    1686 Juni 28. *A*.
184. **Copisius, Christ. Ernst** an Casp. Müller.
    1689 Oct. 28 („Excerpta" in Abschrift A. H. Francke betr.). *A*.
185. **Fabricius, W. H.** an Präsident und Geheimbde Räthe zu Wolfenbüttel.
    1689 Aug. 20. *A III*.
186. **Molanus, Gerhard.**
    1. Gerardi Molani Abbatis Luccensis Epistola ad Tres Theologos Helmstadienses Fabritium, Smidium, Wideburgium, De fidei suae Confessione. (Copie.)
    2. Gerardi Molani Abbatis Luccensis Epistola ad Engelbrechtum, Superintendentem Harzburgensem De fidei suae Confessione cum Excerptis ex illius Testamento de eadem re. (Copie.). *A*.
187. **Müller, Joh. Urban** an Joh. Heinr. Bersch.
    1688 Aug. 24. *A*.
188. **Nitanius, A. C.** an Joh. Oldermann.
    1689 Mai 1. *A*.
189. **Patin, Charles** an Markgraf Friedrich VI. von Baden.
    1671 Apr. $\frac{7}{17}$. *A*.
190. **Richell, Joh.** an Rudolf August von Braunschweig.
    1678 März 12. *A*.
191. **Schumann, Mich.** an Job. Stern.
    1690 März 11. *A*.
192. **Wagner, Joh. Andr.** an Ph. Jac. Spener.
    1687 Juli 24. *A III*.

Beilage:
Statuten (leges) eines Collegium Philobiblicum von Studenten in Leipzig gestiftet 1687, 24. Juli, nach dem Muster des am 15. Juli 1686 von Magistern gegründeten Collegium philobiblicum. Unterzeichnet sind Joh. Andr. Wagner, Joh. Casp. Schade, Joh. Martinus Erck, Daniel Birovius, Polycarpus Elias Hufeland, Samuel Schmiedt, Andr. Dan. Hattenbach, Joh. Sigmund Amarell.